I0035359

DES

GARANTIES DE LA DOT

EN DROIT ROMAIN;

DE L'HYPOTHÈQUE LÉGALE DES FEMMES MARIÉES

EN DROIT FRANÇAIS.

DISSERTATION

Présentée à la Faculté de Droit de Poitiers, pour obtenir le grade de docteur,

et soutenue le samedi 28 avril 1860, à trois heures du soir,

DANS LA SALLE DES ACTES PUBLICS DE LA FACULTÉ,

PAR

F. POUGEARD

BORDEAUX

IMPRIMERIE G. GOUNOUILHOU

rue Puy-Paulin, 1.

1860

DES

GARANTIES DE LA DOT

EN DROIT ROMAIN;

DE L'HYPOTHÈQUE LÉGALE DES FEMMES MARIÉES

EN DROIT FRANÇAIS.

DISSERTATION

Présentée à la Faculté de Droit de Poitiers, pour obtenir le grade de docteur,

et soutenue le mercredi 29 février 1860, à trois heures du soir,

DANS LA SALLE DES ACTES PUBLICS DE LA FACULTÉ,

PAR

F. POUGEARD

Avocat à la Cour Impériale de Bordeaux,

BORDEAUX

IMPRIMERIE G. GOUNOUILHOU,

place Puy-Paulin, 1.

1860

COMMISSION :

Président, **M. FOUCART,** ✻.

Suffragants,
{
M. A. PERVINQUIÈRE, ✻.
M. FEY, ✻.
M. RAGON.
M. ARNAULT-MÉNARDIÈRE.
}

Vu par le Président et Doyen :

FOUCART, ✻.

Vu par le Recteur :

JUSTE, O ✻, *v. g.*

Ⓒ

DES

GARANTIES DE LA DOT

EN DROIT ROMAIN;

DE L'HYPOTHÈQUE LÉGALE DES FEMMES MARIÉES

EN DROIT FRANÇAIS.

INTRODUCTION.

Le crédit, qui joue un si grand rôle dans l'activité sociale, peut avoir une double base : *la personne* ou *les biens;* de là deux sortes de garanties : les *garanties personnelles* et les *garanties réelles.*

Les législations primitives se sont attachées d'abord aux garanties personnelles. Dans les monuments les plus reculés, les anciennes lois des Grecs ([1]), la loi des XII Tables, nous trouvons, au premier rang et toujours, la *contrainte par corps.* On sait dans quel sens rigoureux, je devrais dire barbare, le corps du débiteur était, par le droit quiritaire, le gage de ses créanciers : « Dans les vieilles mœurs gauloises, franques et féodales, dit M. Troplong ([2]), le créancier avait une espèce d'hypothèque sur la personne du débiteur : il pouvait le réduire à l'esclavage, et le vendre ou l'échanger comme un vil animal. Dans ce système, la tête et la liberté de l'obligé répondent en premier ordre de son exactitude à

([1]) Montesquieu, *Esprit des Lois,* liv. XX, chap. XV et suiv.
([2]) *Priv. et Hyp.,* nᵒ 2.

payer sa dette. Si l'on saisit les biens, c'est comme accessoire de la personne mise à la disposition du créancier : *Qui
confisque le corps confisque les biens.* »

Les garanties réelles furent un adoucissement et un progrès. Celle qui dut être la première en usage fut sans doute
le *gage*, s'appliquant aux objets mobiliers. L'*antichrèse*
est le gage étendu aux propriétés foncières, le débiteur met
le créancier en possession de son bien jusqu'au paiement de
la dette; l'un jouit du capital prêté, l'autre du fonds engagé;
aussi définit-on l'antichrèse : « *Contrarius usus, cum alter
pecunia, alter fundo pignorato fruitur* ([1]). » Je ne veux
point ici faire son procès à l'antichrèse; dès le temps de
Dumoulin ([2]), elle était complétement réprouvée en France,
et l'on a dit avec raison que « ce n'est pas là un contrat de
peuple civilisé. »

L'antichrèse devait conduire à l'*hypothèque*, qui réunit le double avantage d'assurer la créance, et de laisser
au débiteur la possession et la jouissance du fonds hypothéqué.

La Grèce est la patrie de l'hypothèque comme de l'antichrèse; les noms eux-mêmes l'indiquent assez. Ce pays,
« avec ses ports sans nombre et la vaste étendue de ses cô-
tes, semblait né pour le commerce, » comme le remarque
si bien Montesquieu ([3]). Les Grecs durent sentir de bonne
heure l'importance d'un crédit assis sur des bases solides.
Leur esprit ingénieux imagina l'hypothèque. Elle nous ap-
paraît, dès le principe, avec ce double caractère de *publicité* et de *spécialité* qu'elle a perdu pendant des siècles,
et qu'elle n'a pu retrouver encore entièrement. La forme de
cette publicité était, il est vrai, rudimentaire : des colonnes,

([1]) Loyseau, *Traité du déguerpissement.*
([2]) *Traité des usures*, quest. 35. — Loyseau, *loc. cit.*
([3]) *Esprit des lois*, liv. XXI, chap. VII.

des poteaux plantés dans les champs (¹). C'était en quelque sorte le bilan des citoyens perpétuellement publié.

Rome emprunta à la Grèce le *gage* et *l'hypothèque*. « Il y » a gage, nous dit Justinien (²), quand il s'agit d'un objet » principalement mobilier, *remis entre les mains du créan-* » *cier*. Si, au contraire, l'affectation a lieu *sans tradition*, » *par le seul effet de la convention (sine traditione, nudâ* » *conventione)*, elle s'appelle *hypothèque*. »

Les hypothèques, en droit romain, s'établissent par la seule convention, sans qu'il soit besoin de publicité. Il suffit de simples actes sous seing privé et même de conventions verbales (³); elles sont générales et frappent tous les biens, *meubles ou immeubles* du débiteur (⁴). Ce système était, à proprement parler, « un ordre sur toutes les facultés mobilières et immobilières du débiteur, d'après la date des contrats (⁵).

C'est ici que nous nous écartons absolument de la tradition grecque; — car l'antique usage (⁶) de couvrir les héritages grevés de colonnes et d'écriteaux disparut bientôt. M. Troplong croit d'ailleurs qu'il ne constitua jamais un système de publicité ayant pour objet la conservation des droits (⁷). — « On réparait, dit Treilhard, un mal par un » mal plus grand. Les signes apposés sur l'héritage n'étaient » fâcheux que pour le propriétaire, dont la situation devenait

---

(¹) Loyseau, *Déguerp.*, liv. III, chap. I, n° 21. — Troplong, *Priv. et Hyp.*, n° 555, etc.

(²) *Inst.*, liv. IV, tit. VI, § 7.

(³) L. 4, D. *De pign. et hyp.*

(⁴) L. 9, § 1, D. *De pign.*; l. 12, § 10, D. *Qui pot. in pign.*; l. 1, § 1, C. *De pign. et hyp.*

(⁵) M. Pougeard, *De l'amélioration du rég. hyp.* Bordeaux, 1842.

(⁶) Loyseau, *Déguerp.*, liv. III, chap. I. — Basnage, *Hyp.*, chap. I — Cujas, etc.

(⁷) *Priv. et Hyp.*, n° 556.

» trop publique; mais l'hypothèque donnée par des actes
» occultes ne laissait aucune garantie contre la mauvaise
» foi (¹). »

Les Romains sentirent eux-mêmes les graves inconvénients de l'hypothèque occulte et générale; mais ils n'y ap-
portèrent que des palliatifs impuissants : telle est la déclaration exigée du vendeur ou de l'emprunteur, « *que la chose
n'est point hypothéquée à d'autres* (²), » avec la sanction des
peines sévères édictées contre le stellionat (³); tels sont encore les *fidéjusseurs d'éviction, « secundi auctores et confir-
matores* (⁴). »

L'hypothèque conférait une véritable *action réelle*. Le
créancier *se faisait mettre en possession de la chose hypothéquée*, et pouvait la vendre lui-même, après avoir mis son
débiteur en demeure, s'il ne préférait procéder à la *vente
par subhastation* (⁵). Il faut avouer que nous n'avons que
des notions fort incomplètes sur la procédure en expropriation des Romains; « car, dit Loyseau, l'usage qu'avaient les
Romains de poursuivre et de vendre les gages et hypothèques, était entièrement divers et différent du nôtre, même si
éloigné que nous en avons quasi perdu l'intelligence et la
connaissance. »

Notre ancienne jurisprudence, en recevant de la tradition
romaine l'hypothèque telle que nous venons d'en tracer les
principaux caractères, lui fit subir d'importantes modifications. *Elle n'affecta plus les meubles* comme les immeubles,

---

(¹) *Exposé des motifs.*
(²) L. 15. *Qui res suas*, D. *De pigneratitia.*
(³) L. 4, D. *De crim. stell.*; l. 1, C. *Eod.* — Troplong, *Com.*, t. II,
p. 420.
(⁴) L. 56, D. *De evict.* — Basnage, *Hyp.*, tit. IV, art. 73.
(⁵) Pothier, *Pandect.*, t. I, p. 576, n° 18. — Loyseau, *Déguerp.*,
liv. III, chap. VII, n° 1. — Troplong, *Priv. et Hyp.*, n° 16.

au moins dans le droit commun; et si quelques Parlements (Rouen, Rennes, Toulouse) conservèrent l'hypothèque sur les meubles, ce fut au point de vue seulement du *droit de préférence*, et l'on put dire dans toutes les coutumes : « *Meubles n'ont point de suite par hypothèque* (¹). » — Elle cessa aussi d'être, comme à Rome, une véritable *action réelle* (²) dont l'effet était de faire mettre le créancier en possession de la chose hypothéquée; elle ne lui conféra plus que *le double droit de suite et de préférence*, c'est-à-dire la faculté de faire vendre l'immeuble entre quelques mains qu'il se trouve, et de se payer sur le prix par préférence aux créanciers chirographaires et aux créanciers hypothécaires postérieurs. — Enfin, l'hypothèque ne put être établie que par *acte authentique;* elle cessa de naître de la pure convention; mais tout acte authentique, quand même la convention n'était pas exprimée, emporta de plein droit une hypothèque générale sur tous les biens présents et à venir du débiteur.

Les abus de ce système ont été trop souvent et trop éloquemment signalés, pour qu'il soit nécessaire de nous y arrêter. Il fallut des siècles pour le renverser. Des rois (Henri III, en 1581; Henri IV, en 1606; Louis XIV, en 1673), de grands ministres (Sully et Colbert), l'essayèrent en vain. Leurs efforts vinrent constamment se briser contre la coalition des intérêts privés : « Les hommes puissants, » dit Treilhard (³) voyaient s'évanouir leur funeste crédit; ils » ne pouvaient plus absorber la fortune des citoyens crédu- » les, qui, jugeant sur les apparences, supposaient de la réa- » lité partout où ils voyaient de l'éclat. »

(¹) Loyseau, *Des offices*, liv. III, chap. V, nᵒˢ 23 et suiv. — Merlin, *Rép.*, vᵒ *Hyp.*, sect. I, § 3.

(²) Marcadé, t. II, nᵒˢ 360 et 361.

(³) *Exposé des motifs.*

Quelques contrées cependant, plus heureuses, avaient un régime hypothécaire auquel elles ne craignaient point d'attribuer leur prospérité : c'étaient les pays de *saisine* ou de *nantissement* : Picardie, Artois, Flandre, Belgique; aussi, comme ils y étaient, si j'ose le dire, passionnément attachés! Le Parlement de Flandre déclarait, dans ses remontrances sur l'édit de 1771 : « qu'il *regardait la publicité des hypothèques comme le chef-d'œuvre de la sagesse, etc.* (¹).

Ces institutions (saisine, nantissement, vest et devest) prenaient-elles leur origine dans la féodalité, ou bien étaient-elles des traces de l'ancienne *mancipation* des Romains? A une époque surtout où l'édifice féodal tout entier s'écroulait sous des attaques trop passionnées pour n'être pas quelquefois injustes, on s'efforça d'y voir « un reste des formes éta-
» blies dans l'ancien droit romain. » — « Mais, ajoutait le
» tribun Grenier, si l'on n'en devait puiser l'origine que dans
» le régime féodal, toujours est-il que de ce régime si bizarre
» et si contraire, en général, à tout ordre social, il en serait
» sorti les éléments les plus propres à l'organisation d'un ré-
» gime hypothécaire. »

Le principe de la publicité formait la base du régime hypothécaire des pays de nantissement. Plusieurs ne permettaient pas qu'il y fût porté la moindre atteinte, et proscrivaient les hypothèques légales tacites des femmes et des mineurs (²).

La clandestinité et la généralité n'en formaient pas moins le droit commun de la plus grande partie de la France; mais ce système, attaqué depuis si longtemps, ébranlé par le travail intellectuel du XVIIIᵉ siècle, ne pouvait manquer de succomber dans le grand mouvement révolutionnaire de 1789.

(¹) V. l'*Exposé des motifs* de Treilhard.
(²) V. *infrà*, 2ᵉ partie, chap. I.

Les législateurs de l'an III et de l'an VII proclamèrent d'une manière absolue le *principe de la publicité*. Ce n'est point ici le lieu d'examiner s'ils allèrent trop loin; mais ils n'admirent aucune restriction, aucune exception : les hypothèques légales furent soumises au droit commun, et n'eurent de valeur que par l'inscription.

C'était à coup sûr un brusque renversement; aussi voyons-nous, avec le Consulat, apparaître une ère de réaction. L'hypothèque occulte retrouva d'ardents défenseurs au sein du Conseil d'État, et ce ne fut qu'après une lutte très-vive que le principe de la publicité triompha [1]. Toutefois, certaines hypothèques privilégiées formèrent une classe pour laquelle l'inscription ne fut pas obligatoire, et dont l'effet s'étendit sur tous les biens du débiteur. Au premier rang, nous trouvons *l'hypothèque légale donnée aux femmes sur les biens du mari;* elle est l'objet de cette étude. — Nous nous proposons, en premier lieu, d'en rechercher l'origine en droit romain, afin de nous conformer à l'excellent précepte de Loyseau [2], « *qu'il est nécessaire de mêler le droit romain avec notre usage de France.* »

[1] V. la discussion au Conseil d'État. *Conf.*, t. VII.
[2] *Traité du déguerp.*, *in princip.*

PREMIÈRE PARTIE.

Des garanties de la dot en droit romain.

———

I.

Les sociétés païennes ont toujours considéré la femme comme un être inférieur à l'homme en intelligence : la civilisation chrétienne seule a su lui donner son véritable rôle, en consacrant ses droits légitimes. Les législations anciennes, image et résultat des mœurs sociales, l'ont traitée avec une extrême rigueur, ou l'ont environnée d'une protection injurieuse : les lois de Rome sont loin de faire exception.

Le droit du mari avait commencé à Rome par la violence, et l'état des femmes par la servitude. La loi les condamnait à une tutelle perpétuelle. Elles n'échappent à la puissance paternelle que pour tomber, suivant l'énergique expression du latin, *in manu mariti,* en la puissance du mari, ou sous la tutelle perpétuelle des agnats. « *Veteres voluerunt,* nous dit Gaius ([1]), *feminas etiamsi perfectæ ætatis sint, propter animi levitatem, in tutela esse.* » Cicéron exprime la même idée, dans son plaidoyer pour Murena : « *Mulieres omnes, propter infirmitatem consilii, majores in tutorum potestate esse voluerunt.* » On le voit, les jurisconsultes romains fondaient sur la *légèreté* et la *faiblesse d'esprit* des femmes ce droit rigoureux. Cent textes reproduisent, avec quelques va-

([1]) Com. I, § 144.

riantes, le même motif. C'est ainsi que Justinien justifie la prohibition absolue d'aliéner le fonds dotal sur « la fragilité du sexe féminin ([1]) » ; Ulpien ajoute, avec plus de raison, « l'inexpérience des affaires. » — « *Propter sexus infirmitatem, et propter forensium rerum ignorantiam* ([2]). » — Galus cependant protestait déjà contre la condition que la loi faisait à la femme, et n'y trouve, dit-il, que des raisons plus spécieuses que véritables : « *Feminas vero perfectæ ætatis in tutela esse, fere nulla pretiosa ratio suasisse videtur; nam quæ vulgo creditur, quia levitate animi plerumque decipiuntur, — magis speciosa videtur quam vera.* »

Pour être conséquent avec lui-même, le droit romain devait entourer le patrimoine des femmes de précautions minutieuses et d'une protection efficace. Sur ce point, toutefois, la législation fut longtemps à se compléter. — Il ne peut entrer dans mon plan d'exposer ici avec détail *le droit des dots*. Je dois me borner à poser les principes essentiels. — L'épouse apportait, pour soutenir sa part des charges du mariage, une *dot*, qu'elle se constituait elle-même, ou qui lui était constituée. Elle pouvait se réserver, en outre, des biens *extra-dotaux*, nommés du grec *paraphernaux*.

La constitution de dot, de quelque manière qu'elle fût faite *(data, dicta* ou *promissa)* ([3]), conférait au mari la *propriété civile* des choses données. Des textes nombreux ne peuvent laisser aucun doute à ce sujet ([4]). Le mari est véritablement *propriétaire* des choses dotales, *dominus dotis*, avec le droit d'en jouir et d'en disposer. « Avant la loi Julia, dit M. Tessier ([5]), le mari pouvait, sans le concours ou le con-

---

([1]) *Just. Inst.*, liv. II, tit. VIII.

([2]) *Reg.* 1-1.

([3]) Galus, *Com.* II, § 63; 1. 25, 44, § 1, 46, § 1, etc. D. *De jur. dot.* — Ulpien, *Reg.* VI, § 1. — Ortolan, t. I, p. 482.

([4]) L. 7, 8, 9, D. *De jur. dot.*; 1. 21, § 4, D. *Ad municipal*, etc.

([5]) *Quest. sur la dot*, n° 79.

sentement de sa femme, disposer à son gré tant des immeubles que des meubles composant la dot. » Si la loi Julia lui défend d'aliéner le *fonds dotal*, la nécessité d'une prohibition spéciale est la preuve la plus irréfutable de son droit. Ceci résulte d'ailleurs bien clairement des expressions de Justinien, au tit. VIII, liv. II, Instit., « *Accidit aliquando ut qui dominus sit, alienare non possit.* » — Aussi le titre *pro dote* est-il un des justes titres pour l'usucapion ; et le mari est si bien propriétaire de la dot, qu'il la revendique même contre la femme, si elle en a la possession (¹).

Cependant, quelques textes font naître une apparente contradiction qui ressort surtout des termes de la loi 75, D. *De Jur. dotium :* « *Quamvis in bonis mariti dos sit, mulieris tamen est ;* » le mari est propriétaire de la dot, et cependant elle appartient à la femme. — Cette antinomie s'explique par le caractère particulier de l'institution. La loi 30, C. *De Jur. dot.* nous met sur la voie. « La dot, y est-il dit, est restée » *naturellement* dans le patrimoine de la femme, bien que la » *subtilité du droit* ait paru la faire passer dans le domaine » du mari. » Ces deux idées : *naturaliter, civiliter,* donnent le mot de l'énigme. Du reste, dans la législation de Justinien, à peine est-il vrai de dire que le mari soit *dominus dotis ;* c'est du moins un domaine entouré d'étroites restrictions : aussi Justinien, qui se rapproche toujours du droit naturel, accorde-t-il à la femme, *ut ei plenissime consulatur,* un double moyen pour arriver à la restitution de sa dot : l'*action en revendication*, si elle veut agir comme propriétaire ; l'*action hypothécaire*, si elle préfère prendre la qualité de créancière (²). — Je reviendrai plus loin sur l'explication de cette loi, qui est une des plus importantes de notre matière.

(¹) M. Pellat, *Textes sur la dot*, p. 48. — Donneau, *Comm.*, lib. XIV, cap. IV, n. VII. — L. Doce, C. *De rei vindic.* L. *In rem.* D. *Eod. tit.*

(²) M. Pellat, *Sur la dot*, p. 378, 379.

La fin de la même loi 75, D., bien qu'assez confuse, apporte déjà la lumière sur la contradiction qui résulte de ses premiers mots. Elle prévoit l'hypothèse de l'éviction du fonds dotal pendant le mariage, et elle ajoute : « La femme est » réputée souffrir elle-même l'éviction, en ce qu'elle a cessé » de l'*avoir en dot;* elle est aussi, même durant le mariage, » bien que la propriété de ce fonds appartienne au mari, » considérée comme en ayant elle-même en réalité l'émolu- » ment, parce que le mari soutient les charges du ma- » riage. »

La dot procure, en effet, à la femme, outre la créance dont nous allons parler tout à l'heure, un *émolument actuel,* puisque les fruits des biens dotaux sont appliqués aux besoins communs, aux charges du ménage, à l'entretien des enfants et de l'épouse. Cet intérêt suffit certainement pour lui donner le droit *d'agir immédiatement* que lui confère notre loi (¹).

Il n'y a donc pas de doute sur ce point : la dot appartient au mari. La propriété lui en est transférée d'ailleurs par les modes ordinaires : la mancipation, *l'in jure cessio,* la tradition. — Dans le droit primitif, la personnalité de la femme est absorbée dans celle du mari; tout ce qu'elle possédait est universellement et irrévocablement acquis au mari comme à son chef de famille (²). Mais il nous reste peu de traces de cet état de la législation. Une première restriction est apportée à ce droit exorbitant : le mari est obligé, en général, de restituer la dot à la dissolution du mariage. *La dot est représentée dans le patrimoine de la femme par une créance.* Les risques sont cependant à sa charge, sauf le cas d'estimation, qui vaut vente, à moins de stipulation contraire.

(¹) M. Pellat, *loc. cit.*
(²) Ortolan, t. I, p. 484.

II.

Il existait deux actions pour la reprise de la dot : 1° l'action générale *rei uxoriæ*, donnée à toute personne ayant le droit d'exercer cette reprise, de quelque manière que la dot eût été constituée ; — 2° l'action *ex stipulatu*, spéciale au cas où la personne qui avait constitué la dot, en avait formellement stipulé du mari la restitution.

La première de ces actions était *in bonum et æquum concepta (quod æquius melius), une action de bonne foi;* la seconde était une *action de droit strict.* Avec un but commun, elles présentaient des différences notables. La seconde était beaucoup plus rigoureuse contre le mari, et plus favorable à la femme, ou généralement à celui qui demandait la restitution. Par l'action *ex stipulatu*, le mari était obligé, à la dissolution du mariage, de rendre la dot *immédiatement et intégralement;* par l'action *rei uxoriæ*, cette obligation n'était imposée au mari que pour les immeubles ; il avait trois ans pour restituer les choses fongibles, et n'était tenu de le faire que *quantum facere possit.* Justinien fit passer cette disposition dans sa nouvelle action, en réduisant à un an le délai. Ces deux actions vécurent longtemps côte à côte : Justinien les réunit, en transportant à l'action *ex stipulatu* tous les effets attachés à l'action *rei uxoriæ*, et notamment son caractère d'action de bonne foi : « *Ut sit*, dit-il, *et nova ista ex stipulatu quam composuimus, et non propria tantum sed etiam veteris actionis pulchritudine decorata* ([1]). »

La dot était, de sa nature, favorable. Elle le devint surtout lorsque, vers les dernières années de la République, la corruption des mœurs obligea d'avoir recours à des disposi-

---

([1]) L. unic. C. *De Rei uxor. actione in ex stipulatu actione transfusd.*

tions législatives pour encourager au mariage. Les plaisirs faciles de la débauche détournaient des joies plus pures et des charges du mariage. L'État se dépeuplait de citoyens. Le mal était immense. Les *lois Julia* s'efforcèrent d'y remédier par une série de dispositions qui attachaient de nombreux priviléges aux mariages, à la paternité, et qui frappaient de déchéances civiles ou de peines fiscales les célibataires. — Une loi, la loi *Papia-Poppœa*, obligeait le père à doter ses filles, « *Ut nubere possint.* »

Cet ordre d'idées devait faire regarder favorablement les secondes noces. Le divorce, toujours permis par la loi, mais que les mœurs austères de la République avaient d'abord contenu dans d'étroites limites, était devenu d'un usage fréquent jusqu'au scandale. On comprend donc comment Auguste dut encourager les seconds mariages. Cela était d'autant plus nécessaire, que, suivant la juste remarque de Montesquieu, « la femme qui répudie n'exerce qu'un triste re- » mède. C'est toujours un grand malheur pour elle d'être » contrainte d'aller chercher un second mari, lorsqu'elle a » perdu la plupart de ses agréments chez un autre ([1]). » La dot parut au législateur le plus puissant attrait, et la loi *Julia De adulteriis et de fundo dotali* vint s'occuper spécialement de sa conservation. Nous trouvons dans plusieurs textes des traces de la pensée politique qui la dicta. « *Reipublicœ interest*, dit Paul, *mulieres dotes salvas habere, propter quas nubere possunt* ([2]); » et Pomponius : « *Dotium » causa semper et ubique prœcipua est : nam et publice in- » terest, dotes mulieribus conservari, cum dotatas esse femi- » nas ad sobolem procreandam replendamque liberis civi- » tatem maxime sit necessarium* ([3]). »

([1]) *Esprit des Lois*, liv. XVI, chap. XV.

([2]) L. 2, D. *De jur. dot.*

([3]) L. 1, D. *Solut. matrim.*

Ce n'était donc, comme on l'a observé avec raison, ni en faveur de la femme, ni en faveur des enfants, que la loi était portée; c'était une loi d'utilité publique; cela est si vrai, que, si la femme mourait la première, le mari faisait gain de la dot *(erat in lucro)*, et les enfants, — au moins dans le principe, et avant le S. C. Orphitien, — n'en profitaient point.

La loi Julia vint apporter aux droits du mari sur la dot une puissante restriction : elle lui défendit d'*aliéner les fonds dotaux italiques sans le consentement de la femme, et de les hypothéquer, même avec son consentement.*

Le terme *aliéner* est général; il comprend non-seulement les ventes, mais tous les autres cas d'aliénation à titre onéreux ou à titre gratuit (¹). — La loi se montre plus rigoureuse pour les hypothèques, qu'elle prohibe d'une manière absolue, parce qu'elle craint que la femme ne donne trop aisément son consentement, sans prévoir l'aliénation, qui est la conséquence indirecte, mais souvent fatale, de l'hypothèque : « *Ratio diversitatis hæc est,* dit Cujas (²), *quia facilius mulier consentit obligationem fundi dotalis, quam alienationem.* »

La loi Julia est spéciale aux fonds italiques, bien qu'au temps de Gaius on doutait déjà s'il ne fallait pas étendre ce droit aux provinces : « *Quod quidem jus utrum ad italica tantum prædia, an etiam ad provincialia pertineat dubitatur* (³). » — Elle ne parle que du *fonds dotal,* et laisse par conséquent en dehors de ses prohibitions les immeubles dotaux, qui ne sont pas *res soli* (⁴), et la dot mobilière, que le mari reste maître d'aliéner, comme sous l'empire de l'an-

---

(¹) L. 1, D. *De fund. dot.*; l. 14, § 6, D. *Qui et à quib.*; l. 7, C. *De reb. alien.*

(²) *Recit. solem.* sur le § dern. de la L. unic. C. *De rei uxor.*

(³) *Com.* II, § 64.

(⁴) Tessier, *Quest. sur la dot,* n° 111.

cienne législation. Ce point de droit, confirmé par des textes certains (¹), est généralement accepté.

Un demi-siècle après, Justinien viendra compléter cette législation de la dot : il étendra les prohibitions de la loi Julia aux fonds provinciaux; il défendra au mari, non plus seulement d'hypothéquer, mais aussi d'aliéner le fonds dotal, même avec le consentement de la femme : « *Necessarium est et in hac parte mulieribus subvenire; hoc addito, ut fundum dotalem non solum hypothecæ titulo dare nec consentiente muliere maritus possit, sed nec alienare; ne fragilitate naturæ suæ in repentinam deducatur inopiam* (²). » Pas un mot, du reste, qui étende à la dot mobilière la prohibition d'aliéner. Des textes nombreux, au contraire, nous autorisent à conclure que Justinien ne toucha pas aux pouvoirs du mari sur les meubles (³), ni à la législation existante relativement aux aliénations nécessaires qui restent permises (⁴). Théophile, dans sa paraphrase grecque des Instituts, fait ressortir que c'est le fonds dotal seul, et non point les autres choses apportées en dot, qu'atteignait la défense édictée par la loi Julia. Telle était, du reste, l'opinion de la majeure partie des interprètes du droit romain (⁵). Quelques auteurs distinguaient cependant, mais arbitrairement, entre les choses *fongibles* et celles « *quæ serviendo servari possunt.* » (Tessier, *Quest.* n° 82.)

Comment donc assurer la conservation de la dot aliénable?

(¹) L. ultim. C. *De serv. pign. dat.*, etc.

(²) L. unic. C. *De rei uxor.* — *Inst.*, liv. II, tit. VIII.

(³) L. 21, D. *De manumiss.*; l. 1, l. 7, C. *De serv. pign. dat. manumiss.*; l. 3, C. *De jur. dot.*

(⁴) L. 1, D. *De fund. dot.*; l. 2, C. *De fund. dot.* — Tessier, *Quest. sur la dot*, n° 80.

(⁵) Cujas, *Cod.*, lib. V, tit. XIII, l. 1, etc. — Vinnius, *Inst.*, lib. II, tit. VIII, in princip. — Voët, *Comment. ad Pand.*, lib. XXIII, tit. V, n° 4, etc.

Car il ne faut pas oublier que c'était là la préoccupation constante des légistes. « Les lois romaines, dit M. Tessier » (n° 84), en laissant au mari la faculté de disposer des » meubles dotaux, avaient pourvu à ce que la femme n'en » pût éprouver de dommage. » Les jurisconsultes romains avaient compris que le pouvoir d'administration du mari emportait nécessairement le droit d'aliéner les meubles, et cependant ils voulaient mettre, autant que possible, la dot à l'abri du danger de cette administration nécessaire : tous leurs efforts tendent évidemment à ce but. Nous allons rencontrer une série de dispositions qui donnent à la dot mobilière une inaliénabilité incomplète et factice.

Et d'abord, le mari devait être solvable pour être en droit d'user de la faculté d'aliénation : le principe est posé pour le cas particulier d'affranchissement d'esclaves dotaux par la loi 21, D. *De manumiss.*, et la loi 1, C. *De serv. pign. dat. manumisso.* « *Servum dotalem vir, qui solvendo est, constante matrimonio manumittere potest*, dit la loi 21, D., *si autem solvendo non est..., libertas servi impedietur, et constante matrimonio deberi dos intelligatur.* » Au Code, nous retrouvons la même disposition avec les mêmes expressions « *Vir, — qui solvendo est.* » Lorsque cette condition manquait, le mari ne pouvait disposer d'une manière valable, car la femme, étant autorisée à se faire restituer sa dot, *constante matrimonio* ([1]), toute disposition, ou, dans l'espèce de la loi, toute manumission se trouvait faite en fraude de ses droits de créancière ([2]), et, comme telle, était entachée de nullité ([3]).

La loi 30, C. *De jur. dot.*, permettait à la femme de revendiquer *ses meubles* comme ses immeubles, à moins qu'elle

([1]) L. 24, Pr. D. *Solut. matrim.*, nov. 97, cap. VI.
([2]) L. 10, D. *Qui et à quib.*
([3]) Cujas, *Resp. Pap.*, lib. XIII; lib. I, tit. I. — Tessier, *loc. cit.*

ne préférât exercer son action hypothécaire. C'est ce qu'exprime fort bien Cujas (¹) : « *Et liberum ei est vel eas res dotales vindicare quasi suas, nam et ipsa intelligitur esse earum domina, vel etiam eas persequendi actione hypothecaria, quasi res mariti, nam maritus intelligitur esse earum rerum dominus.* »

Je crois devoir insister davantage sur l'explication de cette loi, dont le sens n'a pas toujours été bien compris. Quelques auteurs, et notamment M. Dalloz (t. XXVIII, 2, 9, note), ont vu dans l'action hypothécaire dont parle notre loi, l'hypothèque légale des femmes mariées sur les biens du mari. C'est une erreur, dans laquelle est aussi tombée la Cour de cassation (arrêt du 24 juillet 1821) (²), et que la lecture attentive de la loi 30 permet de relever aisément. Il est difficile de comprendre comment, en présence de ce texte, on ait imaginé que l'hypothèque dont parle notre loi soit donnée à la femme *sur les biens du mari,* tandis qu'elle ne frappe que les biens dotaux, qui sont précisément l'objet de la loi, et dont nous avons vu que le mari était *civiliter dominus;* c'est sur ces biens seulement que la femme devra être préférée à tous les créanciers du mari : « *In rebus dotalibus,* » sive mobilibus sive immobilibus, mulierem in his vindi- » candis omnem habere post dissolutum matrimonium præ- » rogativam jubemus, et neminem creditorum mariti, qui » anteriores sunt, posse sibi potiorem causam in his, per » hypothecam vindicare, *cum eædem res et ab initio uxoris* » *fuerint, et naturaliter in ejus permanserint dominio.* » L'erreur que je signale provient sans doute de ce qu'on a confondu l'état de choses établi par cette loi 30, avec le système introduit par des dispositions législatives ultérieures que nous aurons à étudier. Peut-être aussi a-t-on pensé que

---

(¹) *Cod.,* lib. V, tit. XI.
(²) Troplong, *Priv. et Hyp.,* n° 615.

les biens dotaux ne pouvaient pas être grevés d'une hypothèque au profit de la femme, à cause de la maxime « *Personne ne peut avoir d'hypothèque sur sa propre chose* ([1]) ; »
mais cette anomalie s'explique « par la subtilité du droit,
d'après laquelle le mari est censé propriétaire de la dot ([2]). »
— Le passage suivant de Cujas ne peut laisser aucun doute
sur la rectitude de notre interprétation : « Hoc ergo privile-
» gium, *lex XXX dat tantum in ipsis rebus dotalibus*, si
» æstimatæ sint, sive inæstimatæ... An id habeat etiam *in*
» *aliis bonis mariti?* Minimè, quod jam ante docui. Non ha-
» buit in aliis bonis mariti ante *legem ultimam infra qui*
» *potiores et const. unic. Cod. De rei uxor, act...* Verum
» postea Justinianus amplificavit mulierum privilegia et de-
» dit mulieribus tacitam hypothecam in aliis omnibus bonis
» mariti, dotium eis conservandarum causa ; dedit etiam
» mulieribus privilegium in eis tacitâ hypothecâ persequen-
» dis ut præponerentur omnibus creditoribus hypothecariis
» etiam antiquioribus. »

Ces lois ultérieures dont parle Cujas ont étendu *sur tous
les biens du mari* le privilége que la loi 30 accordait sur *les
biens dotaux seulement.*

La femme pouvait non-seulement revendiquer ceux de ses
meubles dotaux qui se trouvaient en la possession du mari,
mais, même lorsqu'ils avaient été aliénés, elle pouvait les reprendre *en mains tierces*, toutes les fois qu'ils s'y trouveraient
en nature : il fallait néanmoins pour cela que l'insolvabilité
du mari fût constatée. Cette doctrine est résumée dans le
passage suivant de Pérézius ([3]) : « Quod dicitur, in L. 30,
» rerum mobilium et immobilium vindicationem mulieri

([1]) L. 45, D. *Princ. de reg. jur.*
([2]) Troplong, *Hyp.,* n° 615. — Bartole, Godefroy, *Sur notre loi.* —
Cujas, *Recit. solenn. de jur. dot. Cod.*
([3]) *Prælectio in C.,* lib. V, tit. XXIII, n° 6.

» competere, verum est de rebus existentibus penès mari-
» tum, non item juste alienatis, quatenus, ut dixi, maritus
» *solvendo est;* nam aliàs dabitur utilis rei vindicatio *contra*
» *tertios possessores,* ubi etiam res æstimatas vindicat mu-
» lier, *non generaliter, sed si maritus solvendo non fuerit.* »
— Ces actions étaient subordonnées à l'existence des meubles.

J'ai dû tracer à grands traits l'histoire de cette législation
remarquable, qui a fait si longtemps, avec certaines modifications il est vrai, le droit exclusif d'une grande partie de
la France, et qui tient encore aujourd'hui, sous le nom si-
gnificatif de *régime dotal,* une large place dans nos institutions et dans nos usages. On se tromperait cependant si l'on
croyait que cet ensemble imposant de précautions suffise
pour sauvegarder toujours les intérêts des femmes. Cette proposition serait trop évidente si nous remontions aux temps
antérieurs à la loi Julia; mais, même depuis l'établissement
du régime dotal, ce régime, il ne faut pas l'oublier, laissait
nécessairement en dehors de son égide une portion considérable de la fortune des femmes. D'ailleurs, avant du moins
les prohibitions d'Auguste et de Claude, confirmées par le
S. C. Velléien, la femme pouvait s'engager pour son mari;
puis le mari devait indemnité pour les dégradations ou la
moins-value que sa mauvaise administration avait pu causer
aux biens dotaux : la femme restait donc nécessairement
créancière, — et l'action dotale était indispensable; elle dut
attirer, comme la dot elle-même, la faveur des juristes et
des législateurs, et l'on chercha de bonne heure à l'entourer
de garanties particulières, où nous trouverons l'origine de
notre hypothèque légale.

III.

On put toujours stipuler, en constituant la dot, une hypothèque conventionnelle pour en assurer la restitution. Plusieurs lois (¹) nous apprennent même que l'on pouvait renoncer à cette hypothèque. Ce ne sont là, du reste, que des
applications du droit commun. — L'action dotale devra-t-elle
donc se confondre avec la foule des autres actions? N'aper-
cevrons-nous pas une *cause légitime de préférence?* Depuis
deux mille ans, a-t-on dit, il est certains droits privilégiés :
ce sont ceux de la femme et du mineur; privilèges *personnels,* c'est-à-dire « *intuitu personæ data,* » comme le remar-
quent Basnage (²) et Donneau (³) en en faisant l'énumération.
Les Romains divisaient, en effet, les privilèges en *privilèges
de personnes* et *privilèges de cause* (⁴). Comme exemples de
ces derniers, on peut citer celui des *frais funéraires* et le privilège extrêmement favorable conféré par la loi 5, D. *Qui potior.,*
lesquels, par exception, étaient préférables aux hypothèques.

Pour ne nous occuper que du privilège des femmes mariées, nous le trouvons mentionné dans des textes nombreux,
notamment dans la loi 17, § 1, et la loi 19, D. *De reb. auc-
tor. jud.* « *Dabimusque ex his causis ipsi mulieri privilegium,* » dit Ulpien dans cette dernière loi; et Hermogénien (⁵) : « Si sponsa dotem dederit, nec nupserit, *exemplo*
» *dotis,* condictioni, favoris ratione, *privilegium, quod in-
» ter personales actiones vertitur, tribui placuit.* »

Quelle était la nature de cette action privilégiée? — Les

(¹) L. 11 et 21, C. ad S. C. Velleian.
(²) Tit. IV, art. 72.
(³) *Comm.,* liv. XV, chap. IV.
(⁴) L. 106, D. *De reg. jur.*
(⁵) L. 74, D. *De jur. dot.*

priviléges, en droit romain, ne donnaient point une action réelle, un droit de suite; *ils ne conféraient qu'un droit de préférence entre les créanciers chirographaires.* C'est ce que nous pourrions induire déjà des termes d'Hermogénien : « *Quod inter actiones personales vertitur,* » si nous ne le trouvions exprimé de la manière la plus formelle par la loi 9, C. *Qui potior. in pignore.* « Eos, qui *acceperunt pignora,* » cum in rem actionem habeant, privilegiis omnibus, *quœ* » *personalibus actionibus competunt,* præferri constat. » — Le privilége, en droit romain, comme le dit fort bien M. Pont ([1]), n'était pas ce droit absolu de préférence, tel qu'il a été consacré par la loi française, ce droit qui prime tous les créanciers, même hypothécaires; c'était un droit purement personnel, et, par suite, il donnait préférence seulement vis-à-vis des créanciers chirographaires. — Mais, sans nous arrêter plus longtemps sur une matière « obscure sous les lois romaines, qui semblent se croiser et se contredire ([2]), » nous nous autorisons de l'opinion de M. Pellat pour établir « qu'il est bien constant que, du temps des jurisconsultes classiques, la femme n'a, pour répéter sa dot, qu'une action personnelle munie d'un privilége qui la rend préférable aux créanciers non hypothécaires du mari ([3]). »

Que deviendra donc le patrimoine de la femme? Quel sera le sort de ses reprises, en présence de créanciers hypothécaires du mari? — Il ne faut cependant pas trop nous alarmer : nous ne devons pas perdre de vue qu'il était parfaitement loisible à la femme ou à la personne qui constituait la dot, de stipuler des hypothèques conventionnelles pour en assurer la restitution; que d'ailleurs la loi Julia ne laissait craindre aucun danger pour les immeubles dotaux, qui constituaient

---

([1]) *Priv. et Hyp.,* t. I, nᵒˢ 25, 426.
([2]) Troplong, *Priv. et Hyp.,* nᵒ 417.
([3]) *Sur la dot,* 1. 54.

certainement la partie la plus précieuse de la fortune de la femme, tandis qu'un ensemble de dispositions que nous avons rappelé, mettait autant que possible à couvert tout ce que la loi Julia ne pouvait protéger. — Toutefois, dans l'intérêt des femmes mariées, la législation, telle que nous l'avons succinctement présentée, pouvait encore paraître insuffisante. Justinien, — qui mérita, comme on le sait, le surnom d'*uxorius legislator*, — vint y mettre la dernière main en attribuant à l'action dotale *une hypothèque tacite sur les biens du mari : « Sed et tacitam ei dedimus hypothecam, »* dit-il (*Inst.*, liv. IV, tit. VI, § 29). La loi unique, ou Code, *De rei uxor. act.*, introduisit, en 530, cette importante modification. La même constitution accordait au mari une hypothèque tacite réciproque, soit pour obtenir la livraison de la dot, soit pour la garantie d'éviction : « *Damus ex utroque latere hypothecam,* sive ex parte mariti pro restitutione dotis, sive ex parte mulieris pro ipsa dote præstanda, vel rebus dotalibus evictis. »

Il ne faut pas croire que la loi unique C. *De rei uxor.*, en introduisant de nouvelles garanties, ait par cela même abrogé la loi 30, C. *De jur. dot.*, qui donne l'action hypothécaire à la femme sur les biens dotaux. Loin de là, ces deux lois se complètent l'une l'autre. Justinien les rappelle toutes deux dans la loi *Assiduis.* C. *Qui potior.* « *et reminiscentes quod et alias duas constitutiones fecimus pro dotibus... »* Aussi faut-il dire avec Cujas, en résumant cette législation, que, dans le dernier état des choses, la femme avait hypothèque pour sa dot et sur ses biens dotaux eux-mêmes, et sur tous les biens du mari : « *Data est mulieri pro fundo dotali, et pro dote tota,* quacumque in re consistat, tacita hypotheca, *et in rebus ipsis dotalibus, et in omnibus rebus mariti ipsius...* (1). »

---

(1) *Recit. solenn.* C. *De rei uxor. act.* § dernier, col. 1.

La dot peut se trouver en péril pendant le mariage même : la femme n'aura-t-elle aucun moyen pour le conjurer? Ici encore, la sollicitude de Justinien ne devait pas lui faire défaut. La loi 29, au C. *De jur. dot.*, confère à la femme, quand le mari est réduit à la pauvreté, « *ubi adhuc matrimonio constituto maritus ad inopiam sit deductus,* » le droit d'agir immédiatement, sans attendre la dissolution du mariage, et de se faire mettre en possession des choses qui lui sont hypothéquées, « *res sibi suppositas pro dote,* etc., » en les revendiquant entre les mains des créanciers auxquels elle est préférable, absolument comme si le mariage se trouvait dissous. Tant que durera le mariage, la femme n'aura pas le droit d'aliéner ses biens; — la loi la protége ainsi contre elle-même; — les fruits seront consacrés à supporter les charges du mariage, « *ad sustentationem, tam sui quam mariti, filiorumque, si quos habet.* »

Il est peut-être utile de préciser le sens que l'on doit attacher à ces expressions « *res sibi suppositas.* » A l'époque où nous sommes arrivés, ces expressions comprennent aussi bien *les choses dotales elles-mêmes* (loi 30, C. *De jur. dot.)* que *tous les biens du mari* (loi unic. C. *De rei uxor.).*

Ainsi se justifie cette proposition de M. Tessier (¹), que, sans parler des immeubles dotaux inaliénables, « la législation romaine, qui laissait au mari la disposition de la dot mobilière, avait pris toutes ses précautions pour que cette dot ne se perdît pas pour la femme, et avait pourvu aussi à ce que la même dot ne pût se dissiper entre les mains de celle-ci. » Cette dernière observation, du reste, ne trouve son application que dans le cas spécial de la loi 29; car, en principe, il est certain que « la femme ne peut, pendant

(¹) *Quest. sur la dot,* n° 105.

lo mariago, aliéner ni engager sa dot, soit qu'elle consisto
en argent, en meubles ou en immeubles (¹). »

Justinien ne devait pas s'arrêter là, et un an après la loi unie.
C. *De rei uxor.*, en 531, il accordait à la femme cette exorbitante prérogative, d'*être préférée à tous créanciers hypothécaires du mari, même antérieurs au mariage.* La loi *Assiduis* (²), qui vient couronner ce *jus uxorium,* est extrêmement remarquable par ses motifs et son dispositif. L'empe-
reur est, dit-il, assiégé par les sollicitations des femmes,
qui déplorent la perte de leurs dots, la fortune de leurs maris se trouvant absorbée par les créanciers antérieurs; il s'é-
tonne de l'inconséquence des anciennes lois, qui, accordant
à l'action dotale un privilège qui la rendait préférable à presque toutes les créances personnelles, même antérieures, se
relâchaient de leur vigueur en matière d'hypothèques, et lais-
saient primer l'hypothèque des femmes par celles des créanciers antérieurs. Ces lois n'étaient pas justes, « *nec ad fra-
gilitatem muliebrem respicientes, nec quod et corpore, et
substantia et omni vita sua maritus fungitur... Quis enim
earum non misereatur propter obsequia quæ maritis præs-
tant, propter partus periculum, et ipsam liberorum pro-
creationem...* »

Il est d'ailleurs convenable que les maris désintéressent
leurs créanciers avec leur fortune personnelle, et non pas
avec celle de la femme, « *non de dote mulieris, quam ad
suos victus, suasque alimonias mulier possidet.* »

Par tous ces motifs, ajoute Justinien *(ad hæc omnia respicientes),* nous avons décidé que l'action dotale, à laquelle
nous avons donné déjà une hypothèque tacite, serait préférable à tous les créanciers du mari, même hypothécaires et
antérieurs au mariage : « *Potiora jura contra omnes habere*

(¹) Julien, *Élém. de Jurisp.,* p. 57, nº 28. — Tessier, *loc. cit.,* nº 102.
(²) L. ultim., C. *Qui potiores.*

mariti creditores, licet anterioris sint temporis privilegio vallati. Cum enim in personalibus actionibus tali privilegio utebatur res uxoria, quapropter nos in hypotheca hoc mulieri etiam nunc indulgemus beneficium. » — Il résulte de cette dernière phrase, que Justinien calque, pour ainsi dire, son hypothèque légale des femmes sur le privilége que leur avait accordé l'ancien droit. Le privilége les rendait préférables à tous créanciers personnels, l'hypothèque les rendra préférables à tous créanciers hypothécaires.

Un document législatif postérieur, la *Novella Constitutio XCVII*, reproduit avec une nouvelle force ces dispositions : « *Privilegium enim dedimus dotibus ut contra antiquiores hypothecas habeant honorabiliora juro.* » Certains priviléges primaient cependant encore le privi'égo des femmes : c'était celui du préteur de fonds pour acheter ou réparer un navire, une maison, un champ, « *in his rebus quæ ejus pecuniis emptæ sunt aut reparatæ.* » Eh bien! Justinien décide que le privilége dotal devra l'emporter même sur celui-là. « Videbamus enim, — dit-il, — (quæ causæ ab-
» surditas est) quia aliquis quidem fornicantibus mulieribus
» ex proprio corpore advenit quæstus, et vivunt ex hoc quæstu :
» adversantibus autem, et quæ semetipsas atque substantiam
» ad virum introducunt, non solum nullus sit quæstus a viris
» malo degentibus, sed etiam minuantur, et spes eis nulla
» sit. Volumus igitur secundum hoc, ut si quis domum re-
» novasset, aut etiam agrum emisset, non possit talia privi-
» legia mulieribus opponere; infirmitatem namque mulie-
» bris naturæ satis novimus, et quia facile circumventiones
» fiunt adversus eas; *minui autem eis dotem nullo sinimus*
» *modo.* » — On voit que Justinien tenait à mériter son titre d'*uxorius*.

En résumé donc, aucun privilége, aucune hypothèque, quelle que soit ou la faveur de sa cause, ou l'antériorité de

sa date, ne primera l'hypothèque privilégiée de la femme. Je
me trompe, car Justinien lui-même introduit une exception
toute spéciale en faveur de *la créance pour cause de milice* :
« Si quis 'crediderit aurum occasione militiæ, » seul il sera
préféré à la femme : « *Aliis omnibus prævalere mulierem.* »

Dans le dernier état de !a législation, tous les droits de la
femme sont protégés par l'hypothèque tacite. Spéciale, dans
le principe, à la dot, elle fut étendue par la loi 11, *si mulier,
C. De pact. convent.* aux biens paraphernaux, et par la
nov. 97 aux donations *propter nuptias* (¹), et aux *augments
tant de la dot que des donations* (²). Toutefois, le privilége
de la loi *Assiduis* n'est concédé qu'à la dot (³). Justinien
s'en explique clairement dans ce passage de la loi (§ II) :
« *Hæc autem tantum ad dotem sancimus*, non ad ante nup-
» tias donationem quam suo tempori servire disponimus, et
» habere inter creditores sui temporis ordinem. *Non enim
» pro lucro fovemus mulieres, sed ne damnum patiantur,*
» suisque rebus défraudentur curamus; » et dans la nov. 97,
où l'on voit que le législateur est déterminé par la crainte
des fraudes à l'égard des tiers : « Quod enim ab initio fac-
» tum est, in toto sine suspicione est; quod autem postea

(¹) L'usage de cette donation ne s'introduisit que sous les derniers
Empereurs, « *A junioribus divis principibus;* » elle était, en quelque
sorte, une compensation de la dot. Dans le principe, elle ne pouvait
être faite qu'avant le mariage, d'où elle était dite : *ante-nuptias.* Jus-
tin permit, le premier, de l'augmenter pendant le mariage; et Justinien, en ayant autorisé même la constitution, ordonna, pour rendre
les mots conséquents avec les choses, qu'on la nommerait *propter
nuptias.* (*Inst.*, liv. II, tit. VII, § 3. — V. Ortolan, *Eod. loc.*)

(²) V. aussi Cod., 5, 12, 29. — 8, 18, 12 § 2. — Nov. 109, c. 1. —
Nov. 61, c. 1.

Cujas, lib. V, tit. XII, n° 20. — Favre, C. lib. V, tit. VIII, déf. 23. —
Voët, lib. XX, t. II, n° 20. — Cujas, C. Pand. *De jur. dot.*

(³) Cujas, nov. 97. — Favre, C. lib. VIII, t. VIII, d. 16. — Bretonnier, sur Henrys, chap. VI, 9, 34.—Troplong, *Priv. et Hyp.*, n° 420.

» machinatum est contra creditores, hoc ipso introducit me-
» ditationem : *et lædi homines ex dato a nobis dotibus pri-*
» *vilegio, nullo volumus modo.* » — Il faut remarquer cependant que, dans un seul cas, la faveur de la dot s'étend à
l'augment de dot; c'est lorsqu'il est constitué en immeubles :
« *Mulierem omnino per immobiles res celebrare augmen-*
» *tum, ut et dos et augmentum similiter habeat adversus*
» *antiquiores creditores privilegium.* » Que si la femme a
des immeubles et constitue néanmoins l'augment en choses
mobilières, elle n'aura pas le privilége : « *Sciat privilegium*
» *non habituram, nisi in antiqua sola dote.* »

Telle était, en résumé, cette législation de Justinien, qui
a paru, dans son dernier état du moins, à tous les commen-
tateurs, exorbitante et excessive [1].

Peut-être cependant ne serait-il pas impossible de justifier
la loi *Assiduis?* Quant à nous, l'*hypothèque privilégiée* nous
paraît une conséquence normale, logique, presque nécessaire
du régime hypothécaire romain. Il ne faut pas oublier que
le caractère, — j'allais dire le vice capital, — de ce régime
était le manque absolu de publicité. Comment la femme
pouvait-elle, en se mariant, connaître la situation hypothécaire de son futur époux? Elle pouvait bien stipuler une hypothèque; plus tard même, la loi lui confère une hypothèque
tacite; mais tout cela ne sera-t-il pas inutile, si la fortune
du mari est absorbée déjà par des hypothèques antérieures
qu'il est impossible de découvrir? Il y avait là un danger
véritable, sérieux, auquel il fallait porter remède, si l'on
voulait à tout prix assurer la conservation de la dot.

---

[1] Donneau, *Sur la loi dern. C. qui potior.* — Vinnius, *Partit. jur.,*
lib. II, cap. XXV. — Fachinée, *Cont.,* lib. III, c. p. XLIX. — Favre, C.
lib. VIII, tit. VIII, déf. 16. — Pothier, dans ses *Pandect.,* dit de la loi
Assiduis : « *Sœpe iniqua prorsus et a juris principiis absonans hæc lex*
merito dicetur. »

DEUXIÈME PARTIE.

Droit français.

TRANSITION. — DES GARANTIES DE LA DOT DANS L'ANCIENNE JURISPRUDENCE.

Suivre la tradition romaine sur le territoire de la Gaule, où la conquête et l'occupation l'avaient profondément implantée, est une étude pleine d'intérêt dans la plupart des matières de notre droit civil. — L'invasion germanique vient apporter des éléments nouveaux, — et de ces deux influences contraires, juxtaposées, dominées par l'idée chrétienne, le long travail des siècles, insensible mais incessant, va faire sortir ce beau monument de législation qui forme aujourd'hui le droit français.

Au midi, dans cette partie de la Gaule où le génie romain avait trouvé de puissantes affinités, le *droit écrit* forme durant dix-huit siècles le droit commun.

Au nord, au contraire, on voit la tradition romaine s'affaiblir, et parfois nous en saisissons à peine quelques traces: c'est là qu'est le quartier général de l'invasion; c'est là que se fixent les peuples nouveaux; ils apportent avec eux leurs usages, leurs lois, et font prédominer partout l'influence de leurs *coutumes*. — Ces deux actions rivales, en contact sur tant de points, durent, dès le principe, se modifier réciproquement et se faire de mutuelles concessions.

Je ne présenterai point ici une analyse, même succincte,

du *régime dotal* qu'adoptèrent les pays de droit écrit. Je me bornerai à faire remarquer que la législation romaine, telle que Justinien l'avait faite, ne fut jamais suivie dans son entier : jamais on n'admit, si ce n'est pourtant dans le ressort du Parlement de Toulouse [1], la loi *Assiduis*, qui, par un privilége exorbitant, rendait l'hypothèque légale des femmes préférable à toutes les autres hypothèques, *même antérieures au mariage*. Le temps apporta aussi des tempéraments successifs. Le S. C. Velleien, observé par toute la France [2], était la source de nombreux procès. La jurisprudence s'efforçait d'éluder la rigueur de ses prohibitions [3]. « C'est » pourquoi, dit Henrys, pour prévenir tous ces procès, le roi » Henry IV jugea à propos d'abroger par un Édit de 1606 le » *S. C. Velleian* et l'authentique *si qua mulier*. » Cette ordonnance fut enregistrée au Parlement de Paris et à celui de Dijon : « Ainsi, dit Merlin [4], dans les pays de droit écrit » de ces deux Parlements, les femmes peuvent hypothéquer » leurs biens en s'obligeant pour un tiers, même pour leurs » maris. » — Le S. C. Velleien fut suivi dans les autres Parlements, et notamment dans celui de Rouen, où il était même de jurisprudence que la femme ne pouvait renoncer à son bénéfice [5].

Quelques auteurs confondaient le S. C. Velleien avec la loi Julia. Henrys, au sujet précisément de l'Édit de 1606, établit avec soin la ligne de démarcation : « On soutint, dit » il, que cela n'avait rien de commun avec la loi Julia *de* » *fundo dotali*, qui fut faite pour empêcher l'aliénation des » biens dotaux seulement..... Mais à l'égard des autres biens,

---

[1] Serres, *Institut. au droit français*, p. 569.
[2] Merlin, *Rép.*, v° *Hyp.*, sect. I, § 3.
[3] Henrys, quest. 8, t. I, p. 366. — Merlin, *Rép.*, v° *S. C. Velleien*.
[4] *Rép.*, v° *Hyp. l. c.*
[5] Basnage, *Hyp.*, part. II, chap. I.

» elles étaient maitresses de les vendre et engager ; ainsi, le
» S. C. Velleien n'a aucun rapport avec la loi Julia : si le
» premier causait des procès, la seconde était très-utile pour
» la conservation des biens dotaux des femmes et le salut
» des familles, puisque c'était une dernière table de naufrage
» pour la femme et ses enfants (¹). »

Cependant la loi Julia elle-même et son principe fondamental de l'inaliénabilité étaient battus en brèche. Louis XIV,
par un Édit de 1664, en ordonna l'abrogation partielle dans
le Lyonnais, le Forelz, le Beaujolais et le Mâconnais (²);
voici le texte de l'Édit :

« Avons déclaré, etc...., que toutes les obligations ci-
» devant passées et qui se passeront dans notre ville de
» Lyon, etc., *sans aucune force ni violence,* par les femmes
» mariées, soient bonnes et valables, et que par icelles les
» femmes aient pu par le passé, et puissent à l'avenir obliger
» valablement, sans aucune distinction, *tous et chacuns leurs*
» *biens dotaux et paraphernaux, sans avoir égard à la dis-*
» *position de la loi Julia, que nous avons abrogée et abro-*
» *geons à cet égard.* » — Déjà, comme on le voit, la tradition romaine perdait du terrain.

Il est difficile de savoir quelle part revient à l'influence
germanique dans les institutions matrimoniales des pays
coutumiers : l'obscurité des temps, l'insuffisance des docu-
ments offrent un obstacle insurmontable aux recherches de
la critique et de l'histoire : nous devons nous contenter d'un
petit nombre de notions positives. — Chez les premiers Germains, comme à Rome, les femmes étaient dans une perpétuelle tutelle (³). Cette tutelle, appelée *mundium* ou *munde-
burdium,* s'appliquait également aux mineurs et devint plus

(¹) Henrys, t. II, liv. IV, quest. 37.
(²) Merlin, *Rép.,* vᵉ *Hyp.,* sect. I, § 3.
(³) Montesquieu, *Esprit des Lois,* liv. VII, chap. XII.

3

tard la *garde* des pays de coutume ([1]). Pour les femmes, elle prenait fin par le mariage.

Dans les usages germains, la femme n'apportait point de dot ; c'était, à vrai dire, le mari qui la constituait : « *Dotem non uxor marito, sed uxori maritus offert* ([2]). » Une partie du prix qu'il payait servait à indemniser les parents qui perdaient le *mundium* ou droit de tutelle ; l'autre partie formait la dot de la femme. Outre ces présents, la femme recevait le *morgengab*, ou don du matin (pretium delibatæ virginitatis), qui avait son équivalent, ou du moins son corrélatif, dans *l'augment de dot* du droit écrit ([3]). — Ces usages primitifs durent se modifier rapidement au contact d'une civilisation plus avancée, et l'origine des apports de la femme, comme celle de la communauté, se perdent dans les premiers temps de la monarchie française ([4]).

L'origine de l'hypothèque légale est toute romaine. Ce fut évidemment un emprunt fait par les coutumes au droit écrit, et vainement nous en chercherions des vestiges dans l'ancien droit des Germains ; nous voyons même toujours les coutumes de l'extrême nord résister à son adoption. Il faut bien dire que ce n'était là qu'une conséquence du régime hypothécaire des pays de saisine : nous savons combien ils étaient attachés au principe anti-romain de la publicité des hypothèques : ils n'admettaient qu'avec une extrême répugnance les droits réels qui n'avaient pas leur source dans les *devoirs de loi* ([5]) : le privilége du fisc lui-même rencontra les remontrances des Parlements et l'opposition des tribunaux ; il fal-

---

([1]) Minier, *Précis histor.*, p. 98.

([2]) Tacite, *Germania.*

([3]) Henrys, t. I, chap. V, quest. 15.

([4]) Montesquieu, *Esprit des Lois*, liv. VII, chap. XV.

([5]) On nommait ainsi le *vest et devest*, ou formalités de l'ensaisinement. (V. Merlin, *Rép.*, v° *Devoirs de loi.*)

lut parfois toute l'autorité des rois de France et des archiducs
d'Autriche pour en triompher. — Quant à l'hypothèque légale des mineurs et des femmes mariées, nous ne la trouvons admise que dans quelques arrêts isolés, rapportés par
Pollet et par Deghewiet, décisions qui ne peuvent constituer
qu'une divergence sans gravité en présence de l'art. 24 de
l'Édit perpétuel de 1611, des textes formels des coutumes (¹)
et de la jurisprudence de presque tous les tribunaux de Belgique et de Flandre (²). C'est ce que nous trouvons également attesté par Cogniaux *(Pratique du Retrait)*, pour le
Hainaut, et par Maillart, pour l'Artois : l'art. 74 de la coutume d'Artois ne reconnaissait « *aucunes hypothèques tacites
ni pour dot, ni pour conventions matrimoniales.* » Enfin,
un document plus général ne peut nous laisser aucun doute
à ce sujet : je veux parler de la déclaration de 1749, — sus-
pendant, pour les pays de Nantissement, l'exécution de l'É-
dit de 1747 sur les Substitutions, — où nous lisons « que,
» dans ces pays, *on ne connaît point d'hypothèque légale ou
» tacite,* et qu'on ne peut en acquérir aucune que par les for-
» mes et les voies qui y sont requises (³). »

Les coutumes où l'hypothèque occulte était le droit commun, n'avaient aucun motif pour ne pas adopter l'hypothèque légale : aussi la trouvons-nous partout, avec des règles
à peu près identiques.

Si la loi *Assiduis* était généralement rejetée, l'hypothèque
légale n'en avait pas moins, dans beaucoup de coutumes, un
effet rétroactif, moins exorbitant il est vrai. La raison veut

(¹) Par exemple, *Coutume de la chatellenie de Lille*, tit. XXII, art. 3 :
« Par la coutume générale, ne sont aucunes hypothèques tacites, sauf
le privilége du prince. »

(²) V. Merlin, *Rép.*, v° *Nantissement*. — V. aussi Voët, lib. XX, t. II,
n° 20.

(³) V. sur cette matière Merlin, *loc. cit.* — V. cependant Troplong,
Priv. et Hyp., t. II, p. 52.

qu'une hypothèque n'ait pas d'autre date que celle de la créance dont elle est l'accessoire et qu'elle a pour objet de garantir; par un privilége spécial (¹), l'hypothèque légale des femmes prend rang, *dans tous les cas, du jour du contrat de mariage,* ou, s'il n'y a point eu de contrat de mariage, *du jour des noces et bénédictions nuptiales,* suivant l'art. 248 de la coutume de Paris. C'est ce que dit également Basnage (²) : « Nous avons d'ailleurs pourveu aux femmes par
» les reprises, conventions, remplois des propres, et autres
» conventions matrimoniales, pour raison de quoi l'hypothè-
» que leur est donnée sur les biens du mari, *du jour du con-*
» *trat de mariage;* en sorte que si, depuis le contrat de ma-
» riage et auparavant les épousailles, le mari avait vendu
» ses héritages, la femme aurait hypothèque sur iceux. »

Plusieurs Parlements (³) avaient cependant adopté une jurisprudence contraire; ils soumettaient notre hypothèque au droit commun, et « *ne la donnaient que du jour de l'événement qui en était le principe.* » D'après cette règle plus logique et plus juste, — qui seule subsistera, — l'hypothèque pour le remploi des propres aliénés et pour les dettes contractées pendant le mariage par la femme dans l'intérêt du mari, sera primée par celle des créanciers hypothécaires antérieurs à l'aliénation des propres ou à l'obligation de la femme. Tout danger de collusion frauduleuse a disparu.

La jurisprudence des pays de régime dotal devait nécessairement présenter en cette matière des différences avec celle des pays de communauté : on suivait les principes du droit romain, d'après lesquels l'hypothèque pour la dot re-

(¹) Pothier : Orléans, tit. XX, art. préliminaire; *Hyp.,* chap. I, art. 3, etc. — Coquille : Nivernais, chap. XXIII, art. 18, t. II. — Boucheul : Poitou, art. 408, nᵒˢ 49 et 52.
(²) *Droits de mariage,* tit. V, art. 80.
(³) Treilhard, *Exposé des motifs.* — Grenier, *Rapp. au Tribunal.*

montait seule au contrat, et pour l'augment de dot, ou les droits relatifs aux biens paraphernaux, ne datait que du fait qui donnait naissance à la créance (¹). Telle était notamment la jurisprudence du parlement de Bordeaux (²). Ces principes sont très-nettement exposés dans le passage suivant de Domat (³) : « Il faut remarquer cette différence entre les con-
» ventions du contrat de mariage et celles des autres con-
» trats, qu'au lieu que toutes les autres conventions obligent
» irrévocablement ceux qui s'y engagent, et dès le moment
» que la convention est formée, celles du contrat de mariage
» sont en suspens jusqu'à ce que le mariage soit célébré, et
» renferment cette condition qu'elles n'auront lieu qu'au cas
» qu'il s'accomplisse... Mais lorsque la célébration du ma-
» riage suit le contrat, *elle y donne un effet rétroactif, et il*
» *a cet effet du jour de sa date. Ainsi, l'hypothèque pour la*
» *dot est acquise dès le contrat, et avant le temps de la cé-*
» *lébration du mariage.* »

La majeure partie des auteurs et les arrêts adoptaient également cette doctrine : elle était cependant repoussée par quelques docteurs, suivant lesquels l'hypothèque pour la dot ne datait que du jour du mariage (⁴). D'autres, comme Lebrun (⁵) et Negusantius, effrayés des dangers pour les tiers de la rétroactivité au jour du contrat, ne l'admettaient qu'autant qu'entre le contrat et la célébration nuptiale il ne se serait pas écoulé un temps considérable.

La règle que le contrat de mariage conférait hypothèque du jour de sa date, n'est, il faut bien le reconnaître, *qu'une ap-*

(¹) L. 19, C. *De don. ante. Nov.* 97. — Despeisses, t. I, p. 458. — Bretonnier, sur Henrys, liv. IV, chap. VI. — Troplong, n° 592.

(²) Tessier, *De la dot,* n° 1093.

(³) *Lois civiles,* liv. I, tit. X.

(⁴) Baldus Novellus, *De dote.* — Merlinus, *De pign.,* liv. III, tit. II.

(⁵) *Success.,* liv. II, chap. V, sect. I, dist. 1, n° 24.

plication du *principe général* qui attachait l'action hypothécaire à tout acte authentique. Les conventions matrimoniales,
en effet, devaient être reçues dans cette forme. Quelques ressorts, et notamment celui du Parlement de Bordeaux[1], admettaient cependant qu'elles pouvaient être constatées par un acte
sous seing privé : c'était ce qu'on appelait *articles de mariage*. Quelle était l'influence de ces articles sous seing privé
sur le rang de l'hypothèque légale? L'incertitude de leur date,
la crainte de fraudes trop faciles, avaient fait décider qu'ils
n'emporteraient hypothèque à l'égard des tiers, que du jour
où ils seraient approuvés par-devant notaire ou auraient acquis date certaine par tout autre événement. C'est à cela que
revient l'opinion de M. de Lamoignon, rapportée par M. Troplong[2] : « *L'hypothèque est acquise à la femme du jour du
» contrat de mariage ou de la reconnaissance des articles
» faite devant notaire.* »

L'hypothèque légale frappait tous les biens présents et futurs du mari : elle ne faisait que se conformer au droit commun du régime hypothécaire de cette époque, suivant lequel
toutes les hypothèques étaient générales. Les *restrictions*,
antérieures ou postérieures au mariage, que le Code adopta
comme un remède efficace contre les inconvénients de la
généralité, n'étaient point d'usage alors. On obtenait cependant un résultat analogue par le droit que se réservait le
mari, dans le contrat de mariage, « d'aliéner librement une
partie de ses immeubles[3]. »

Les reprises dotales ne pouvaient toutefois s'exercer indif-
féremment sur tous les biens du mari; le passage suivant de
Basnage nous apprend quel ordre on était tenu d'observer :
« Le remploi des propres de la femme aliénés pendant la

[1] Tessier, *De la dot*, n° 53.
[2] *Priv. et Hyp.*, t. II, p. 132.
[3] Treilhard, *Exposé des motifs*. — Grenier, *Rapp. au Tribunal*.

» communauté, se doit bien reprendre *premièrement* sur les
» meubles et acquêts de la communauté; mais si lesdits meu-
» bles et acquêts ne suffisent, le remploi s'en fera sur les
» biens propres du mari, *comme subsidiairement hypothé-*
» *qués* (¹). »

Si l'on veut se faire une idée du degré de faveur qu'on attachait à l'hypothèque légale des femmes, il suffit de remarquer qu'elle pouvait affecter même les biens frappés de substitutions (²), privilége surprenant si l'on songe avec quel
soin jaloux les usages féodaux, comme la jurisprudence,
veillaient à l'inaliénabilité de ces biens et à leur conservation dans les familles. — C'était toutefois là une des questions les plus controversées dans l'ancien droit : « On ren-
» contre, dit Henrys, des questions où la raison et l'équité
» pressent si fort de part et d'autre, qu'on a peine de pren-
» dre parti; s'il en faut venir à la balance, le jugement de-
» meure longtemps suspendu dans un poids égal; c'est ce
» qu'on peut dire de cette question, *si les biens substitués*
» *doivent être affectés subsidiairement à l'hypothèque des*
» *femmes mariées* (³) ? »

Henrys rapporte lui-même ailleurs (⁴) un arrêt rendu dans
le sens de l'affirmative, sur un très-curieux plaidoyer de
Talon. Cette solution finit par prévaloir.

Il me resterait sans doute bien des détails intéressants à
traiter; mais l'extension, déjà trop grande peut-être, donnée
à la partie historique de ce travail, me fait un devoir de ne
m'arrêter qu'aux caractères principaux : nous avons vu, en
nous résumant, que l'hypothèque légale des femmes était
établie sans convention, ce qui est le propre des hypothèques

---

(¹) *Droits de mariage*, t. I, V, art. 81.
(²) Ordonn. de 1747, sur *les substitutions*. — Déclaration de 1749.
(³) T. I, liv. I, chap. V, quest. 15.
(⁴) T. I, p. 861 et suiv.

légales; — qu'elle était occulte et générale, ce qui était à
cette époque le droit commun des hypothèques; — enfin que,
suivant la jurisprudence dominante, elle avait effet rétroactif
au jour du contrat, et, à défaut de contrat, au jour du mariage.

Il est temps d'arriver aux *lois modernes*. Nous diviserons
en quatre chapitres les observations que nous avons à présenter. Dans le premier, nous examinerons et nous discute-
rons le principe même de l'hypothèque légale des femmes
mariées;—dans le second, nous traiterons des droits qu'elle
garantit et de la dispense d'inscription; — dans le troisième,
des biens qu'elle grève et du privilége de la généralité; —
enfin, dans le quatrième, nous étudierons ses effets à l'égard
des tiers.

CODE NAPOLÉON

Art. 2117, 2121, 2122, 2135, s., 2153, 2193, s.

CHAPITRE Ier.

DU PRINCIPE DE L'HYPOTHÈQUE LÉGALE DES FEMMES MARIÉES DANS LES LOIS MODERNES.

I

Il n'est point d'association plus intime, de communauté d'intérêt plus absolue que celle qui existe entre les époux. On ne peut oublier la belle et philosophique définition du droit romain : « Nuptiæ sunt conjunctio maris et feminæ, » *consortium omnis vitæ : divini et humani juris commu-nicatio* ([1]), *individuam vitæ consuetudinem continens* ([2]). » Aussi, ne pourrait-on concevoir qu'il soit nécessaire de protéger les intérêts de la femme contre le mari, si l'on ne devait faire la part des passions et des faiblesses malheureusement inséparables de l'humanité. Ce serait une erreur, — erreur dans laquelle paraissent être tombés de bons esprits, — de supposer que le mari soit toujours occupé à tromper et ruiner sa femme. « Il ne faut pas croire, disait Berlier, » qu'il agira en sens contraire de ce que lui prescrit l'intérêt » de sa femme, qui se fond avec le sien propre et celui de » ses enfants. » Cependant, si, comme on l'a remarqué, l'expérience nous montre parfois les époux en collusion pour frauder leurs créanciers, il n'en est pas moins certain qu'un grand nombre de femmes verraient leur patrimoine dissipé

([1]) L. 1, D. *De rit. nupt.*
([2]) Justinien, *Inst.*, lib. I, tit. IX.

si elles ne trouvaient dans la loi une protection efficace.
« La loi, disait le premier Consul au Conseil d'État, doit dé-
» fendre celui qui ne peut se défendre lui-même. » C'est une
haute tutelle qui lui est dévolue, suivant l'expression latine
que traduisait, on pourrait peut-être dire que devinait le premier Consul : « Ad tuendum eum qui sponte se defendere
» nequit (1). »

Les femmes, les mineurs, les interdits, ne sont-ils pas habituellement dans l'impuissance d'agir (2)? On ne l'a jamais
contesté en ce qui concerne les mineurs et les interdits, et
l'on a toujours admis que leurs droits étaient tellement sa-
crés, que, devant eux, toute autre considération devait s'évanouir. On n'a pu reprocher au système du Code, sur ce point,
que son insuffisance. — La protection accordée à la femme
a soulevé plus de contradictions. Nos idées sur l'incapacité
des femmes ne sont plus, il faut le dire, celles des Romains.
On a depuis longtemps reconnu que l'intelligence n'a pas de
sexe, et l'expérience de tous les jours nous apprend que les
femmes sont habituellement très-capables de gérer leurs
affaires. L'incapacité de la femme est *purement civile;* elle
est une conséquence inévitable de la situation que la loi lui
fait dans la famille, vis-à-vis du mari. Le mari a les pouvoirs les plus étendus. Administrateur de la fortune commune, j'allais dire *gérant souverain de la société*, il pourrait
à son gré ruiner sa femme : le patrimoine de la famille est,
à vrai dire, à sa discrétion. Et cependant, il importe à l'ordre public, à la société tout entière, que ce patrimoine soit
conservé à la femme et aux enfants : « Les familles n'ont de
» consistance, disait Cambacérès, que là où la dot est en sû-
» reté. » C'est à la loi de trouver un remède aux dangers de
cette situation. Cette nécessité est tellement impérieuse, que

(1) L. 1, D. *De tutelis.*
(2) Treilhard, *Exposé des motifs.*

la bonne foi ne peut se refuser à la reconnaitre, et que les objections ne portent que sur le mode et le degré de la protection. — Laissant de côté le système de garantie spécial au régime dotal, nous traiterons seulement de la garantie la plus générale, de celle dont l'usage est commun à tous les régimes, *l'hypothèque légale donnée à la femme sur les biens du mari.* Un premier caractère distinctif de cette hypothèque est d'exister *sans convention.* Dans les hypothèques légales, c'est la loi qui stipule elle-même : « Lex, in omnibus tacitis hypothecis, fingit pactionem et conventionem [1]. Il est donc vrai de dire, avec l'art. 2117, que l'hypothèque légale est *celle qui résulte de la loi.* »

II

Nous devons aborder ici les questions si graves et si délicates que soulève encore de nos jours le principe même de l'hypothèque légale. Pour les bien comprendre, il faut nous reporter à la discussion qui s'éleva dans le sein du Conseil d'État, et qui, suivant M. Troplong, « est un modèle de force et une source de lumière. »

Le régime de l'hypothèque occulte et générale, après des siècles d'existence, est tombé pour ne plus se relever : des principes entièrement opposés ont été proclamés. — Les tentatives de réformes antérieures à la Révolution n'avaient jamais soumis les hypothèques légales des femmes et des mineurs à la nécessité de la publicité : elles en sont expressément dispensées par l'édit de 1673, et en l'an VII, les défenseurs de la loi, qui s'annonçaient hautement comme les restaurateurs de l'œuvre de Colbert, s'en écartaient notamment sur ce point. « Les créances hypothécaires de tout genre, de toutes

---

[1] Neguzantius. (V. Troplong, t. II, n° 418.)

» personnes, disait Crassous dans son rapport, doivent être
» soumises à l'inscription. Les droits de la nation, ceux des
» mineurs, des épouses, des absents, doivent y être assujet-
» tis. *Le règlement de la publicité doit être absolu et géné-*
» *ral, ou il est inutile* (¹). » Quant à l'édit de 1771, il sou-
mettait il est vrai les hypothèques légales à la nécessité de
l'opposition, dans la purge qui devait aboutir aux *lettres de*
ratification; mais il n'avait d'effet qu'à l'égard des tiers acquéreurs, et, vis-à-vis des créanciers, l'hypothèque conservait,
sans altération, son caractère de clandestinité. La nouvelle
législation ne pouvait donc pas l'invoquer comme un précé-
dent.

Le système hypothécaire de l'an III et de l'an VII séduit
d'abord par un caractère—qui a bien sa grandeur—d'unité
et de simplicité; l'inflexibilité de ses principes semble appro-
cher de ce type immuable qu'il n'est pas donné aux institutions humaines d'atteindre. Mais il faut nous rappeler ces
paroles du premier Consul, où le bon sens inspire le génie :
« Depuis que j'entends discuter le Code civil, je me suis sou-
» vent aperçu que la trop grande simplicité dans la législa-
» tion est l'ennemie de la propriété. »

On doit le reconnaître, la tâche du législateur est ici d'une
difficulté presque insurmontable. On trouve en présence des
intérêts opposés, également respectables à des titres divers :
d'un côté, les besoins du crédit, la facilité des prêts hypothécaires; de l'autre, « l'intérêt de la famille et de l'État, qui
» serait ébranlé si les dots des femmes et le patrimoine des
» mineurs n'étaient mis à l'abri des dissipations et des lar-
» cins (²). » — Détruire l'unité du système hypothécaire,
en apportant des exceptions au principe de la publicité, c'est
gêner, embarrasser son action, c'est compromettre les heu-

(¹) *Moniteur* du 26 thermidor, an VI. — Pont. *Priv. et Hyp.*, nᵒ 746.
(²) Troplong, *Priv. et Hyp.*, préface.

reux résultats que l'on est en droit d'en attendre ([1]). — Faire
dépendre l'effet de l'hypothèque légale de l'accomplissement
de la formalité de l'inscription, c'est ôter d'une main ce qu'on
donne de l'autre. Obliger la femme à prendre inscription
elle-même?... Mais elle se trouvera en présence de mille
obstacles : l'inexpérience des affaires, l'influence de son mari
et la crainte de lui déplaire. D'ailleurs, n'est-ce pas tomber
dans une étrange inconséquence? On avoue que la femme
est incapable de stipuler l'hypothèque, puisque la loi la stipule pour elle, et l'on ne reconnaît plus cette incapacité
lorsqu'il s'agit de prendre inscription! En imposer l'obligation à d'autres personnes? Mais, sans nous arrêter aux difficultés insurmontables de l'application, c'est encore là le lieu
de se rappeler cette belle pensée du premier Consul : « La
» justice civile s'oppose à ce qu'on reporte sur le mineur et
» sur la femme les suites d'une négligence qu'il n'était pas
» en leur pouvoir d'empêcher. Ce principe ne doit pas être
» sacrifié au désir, très-louable d'ailleurs, de rendre les tran-
» sactions plus sûres. *Il ne faut pas acheter au prix d'une*
» *injustice l'avantage de simplifier la loi.* »

D'ailleurs, et cette raison nous a toujours semblé décisive,
on ne peut demander une inscription uniquement pour faire
savoir que tel propriétaire est un homme marié. Il serait
absurde, comme le remarquait Portalis, « de vouloir donner
» de la publicité au fait du mariage, qui déjà est public. »
*Le point important que l'inscription doit atteindre, c'est de
faire connaître la quotité des sommes pour lesquelles l'hypothèque est acquise* ([2]), et c'est en effet le résultat qu'ont
voulu obtenir les législations allemande et belge, en exigeant que les inscriptions continssent une évaluation de

---

([1]) Treilhard, *Conférence* : « Si la publicité est utile, il faut n'y rien
soustraire. »

([2]) Troplong, *Priv. et Hyp.*, préface.

toutes les créances quelconques. Mais cette détermination
est impossible, puisqu'il s'agit de droits « qui ne sont pas
» encore fixés, et qui peuvent naître d'événements posté-
» rieurs (¹). » Comment prévoir et comment évaluer les
créances auxquelles pourront donner lieu des donations ou
des successions dont le mari touchera les valeurs mobilières, la vente de propres, des comptes de fruits et d'administration? « Il faudrait, dit M. Troplong, avoir conspiré *à*
» *priori* la ruine des femmes et des mineurs. »

Je ne puis passer sous silence une objection qui fut faite
au Conseil d'État, et qu'on a reproduite depuis avec une per-
sistance singulière : C'est aller contre le but qu'on se propose, dit-on, car le prêteur ou l'acquéreur ne traitera avec
le mari que sous la condition que la femme interviendra et
qu'elle *s'obligera solidairement.* C'est rendre ainsi sa condition plus désavantageuse encore (²). Mais, répondait très-
bien M. Bigot, « ce mal se rencontre dans tous les systè-
» mes; » et l'on n'y pourrait remédier qu'en revenant aux
prohibitions du S. C. Velléien. Le premier Consul avait déjà
fait justice de l'objection que nous venons de présenter :
« Les hypothèques de la femme, disait-il, seront bien plus
» certaines si, pour les conserver, il lui suffit de ne pas y
» renoncer, que s'il lui fallait, pour en obtenir l'effet, agir
» et prendre des inscriptions. On sait qu'en général les fem-
» mes refusent avec beaucoup de fermeté de signer tout acte
» qui peut compromettre leur dot; qu'au contraire, elles sont
» peu capables de faire des démarches et de conduire les
» affaires. »

En résumé, la question peut toujours se ramener à ces
termes : *Faut-il que les prêteurs et les acquéreurs, — qui
peuvent dicter la loi du contrat, — soient traités plus fa-*

(¹) Portalis, *Conférence.*
(²) M. Réal, *Conférence.*

rorablement que les femmes et les mineurs qui ne peuvent se défendre? Il semble que poser ainsi le problème, c'est le résoudre, et conclure avec le Conseil d'État « *que la sûreté* » *de la femme et du mineur doit être préférée à celle des* » *acquéreurs et des prêteurs.* » Ces derniers, du reste, pourront trouver aisément des garanties contre les dangers de l'hypothèque des femmes, dans les renonciations ou les subrogations à l'hypothèque légale, les restrictions, l'obligation solidaire de la femme; et si le régime dotal présente des obstacles insurmontables, il ne faut pas oublier qu'il a précisément pour but d'assurer à tout prix la conservation de la dot.

Peut-être même le système du Code, qui a été si amèrement critiqué, n'est-il pas si funeste au mari qu'on pourrait le croire. Il trouvera dans le concours de sa femme le complément de son crédit, et l'on ne peut que s'associer à cette réflexion du premier Consul, qu'il faut citer encore, parce que sa pensée domine toute cette partie de notre législation, « *qu'au surplus il n'y a peut-être pas beaucoup* » *d'inconvénients à placer le mari dans une situation qui* » *l'empêche de dissiper son bien; car il est hors de doute* » *que, s'il ne veut faire que des emprunts nécessaires, la* » *femme ne refusera point d'y consentir.* »

Il ne faut pas nous dissimuler toutefois que les hypothèques occultes, en opposition avec les principes de notre régime hypothécaire actuel, y jettent de grands embarras; elles nuisent à la facilité et à la sûreté des transactions, et engendrent souvent, dans les ordres, des complications inextricables. Ces inconvénients n'avaient point échappé aux législateurs de 1804 : ils crurent devoir choisir *minima de malis,* et justifièrent encore une fois ces mots éminemment sages de Tacite : « *Nulla lex satis commoda omnibus; sed modo quæritur si majori parti et in summum prodest.* »

L'hypothèque légale a été vivement attaquée dans ces derniers temps; on en a demandé, dans les projets soumis à l'Assemblée nationale, en 1850, *l'inscription forcée* : c'était, à vrai dire, la supprimer (¹). On vit se produire alors, comme déjà en 1841, soit de la part des Cours, soit de la part des Facultés, dans le sein des Commissions, du Conseil d'État et de l'Assemblée, des observations et des vues en sens divers, des divergences d'opinions qui attestent les difficultés dont cette matière est hérissée. « Le principe de » l'hypothèque légale de la femme mariée, dit M. Benech (²), » triompha de toutes les résistances que le mouvement industriel et commercial de notre époque avait accumulées » contre lui. On peut dire que l'esprit de la loi de brumaire » an VII a été vaincu en 1851 comme en 1804. »

La difficulté insurmontable a toujours été, jusqu'ici, de remplacer les garanties que l'hypothèque légale donne aux incapables : problème dont il est peut-être réservé à l'avenir de trouver la solution. La loi du 23 mars 1855 est venue apporter des améliorations particulières, depuis longtemps réclamées : nous en rencontrerons quelques-unes dans le cours de cette étude. Sans doute, on ne s'en tiendra pas là, et nous devons prendre note de ces paroles prononcées par M. Allart au Conseil d'État : « La propriété ne peut être » affranchie d'un seul coup de toutes ses entraves; mais la » loi actuelle est un premier pas fait dans la voie du progrès. »

(¹) Troplong, *Priv. et Hyp.*, 2ᵉ édit., préface, note 4, p. 17.
²) *Le nantissement appliqué aux droits des femmes*, p. 6.

CHAPITRE II.

DES DROITS GARANTIS PAR L'HYPOTHÈQUE LÉGALE, ET DE LA DISPENSE D'INSCRIPTION.

SECTION Iʳᵉ (Art. 2135).

I

Commune ou dotale, la femme a droit au bénéfice de l'hypothèque légale. — L'art. 2121 ne permet de faire aucune distinction. A l'égard du fonds dotal lui-même, l'hypothèque légale peut avoir son utilité. Il est vrai que la femme a l'action en revendication, et l'on s'est vivement élevé contre cette arme double qu'elle peut tourner à son gré, soit contre les créanciers, soit contre les tiers acquéreurs. Nous avouons que ce système peut donner lieu à des abus ; mais on ne peut nier que, dans nombre de cas, la femme n'ait un intérêt réel à ce que cette option lui soit laissée. L'immeuble indûment vendu par le mari peut avoir subi, entre les mains de l'acquéreur, une dépréciation telle, que la femme ne puisse le reprendre sans une perte considérable : l'hypothèque légale lui assure la faculté de se faire rembourser la valeur de l'immeuble au moment de l'aliénation.

L'intérêt que nous venons de signaler a fait naître une question fort intéressante, dont nous devons dire quelques mots. Voici dans quelles circonstances elle peut se présenter : tant que le mariage n'est pas dissous, la dot reste inaliénable, et il est certain que la femme ne pourrait renoncer à l'action révocatoire ; mais il peut arriver que le mari, après avoir aliéné des biens dotaux, soit exproprié. *La femme pourra-t-elle*, constante matrimonio, *demander à être col-*

loquée sur le prix des immeubles vendus? Si on lui refuse
ce droit, il est évident qu'à la dissolution du mariage, elle
n'aura plus qu'une ressource, celle d'exercer l'action révocatoire ; son droit se trouvera ainsi diminué ; il se peut qu'elle
en éprouve un préjudice. — D'autre part, il est bien entendu
que la femme ne peut être admise à une collocation définitive ; ce serait renoncer à l'action révocatoire, et violer par
conséquent indirectement le principe de l'inaliénabilité de la
dot ; il ne peut être question que d'une *collocation provisoire,* et la femme conservera toujours le droit, à la dissolution du mariage, d'y renoncer pour recourir à l'action révocatoire. — Cela posé, il est palpable que la femme a un
intérêt sérieux à être admise à la collocation provisoire. Nous
n'hésitons pas à croire qu'elle doive l'être. Ce sentiment a
été consacré par un arrêt de la Cour de cassation et plusieurs
arrêts de Cours d'appel (1) ; combattu par M. Grenier (t. I,
n° 200), il a été défendu par M. Troplong *(Priv.* et *Hyp.,*
n°ˢ 612 et suiv.). M. Troplong se fonde sur la loi 29, C. *De
jur. dot.* (2), sur l'ancienne jurisprudence, qui admettait une
collocation provisoire sur le prix « *quo fundus dotalis ei sal-
vus sit* (3) ; enfin, sur les principes du Code Nap. (art. 1552,
1554, 2121, 2135 et 2195). Il est vrai cependant, comme le
fait observer M. Grenier, que les créanciers postérieurs du
mari se trouveront primés par le recours de la femme,
auquel ils n'avaient pas lieu de s'attendre. C'est un malheur
sans doute, mais c'est une conséquence nécessaire, et que
nous avons déjà indiquée, du système qui donne à la femme

(1) Cass., 24 juillet 1821 ; Nîmes, 1824 ; Rouen, 28 mars 1823 ; Aix,
10 février 1826, etc.

(2) V. notre première partie, p. 26. — Cujas, *Réc. solenn.* C. *De rei
uxor. act.* — Troplong, n° 616.

(3) Cujas. — Troplong, n° 617. Il faut lire dans M. Troplong lui-
même cette remarquable discussion, dont je me borne à donner le
sommaire.

un double recours : qu'importe qu'elle exerce son option durant le mariage ou après sa dissolution?

Le bénéfice de l'hypothèque légale a été contesté à la femme en ce qui concerne les biens paraphernaux; mais cette doctrine, adoptée par quelques arrêts ([1]) et défendue par M. Planel, n'est pas moins contraire au droit romain ([2]) et à notre ancienne jurisprudence ([3]), qu'aux termes si formels dans leur généralité de l'art. 2121 : « *droits et créances;* » elle a été combattue par les auteurs les plus recommandables, MM. Tarrible, Grenier, Persil, Dalloz, Troplong (n° 410), Pont (n° 439), etc., et la jurisprudence est aujourd'hui parfaitement fixée dans le même sens.

Il n'est peut-être pas aussi facile de comprendre comment la femme *mariée sous le régime de la séparation de biens* pourra avoir intérêt à invoquer le bénéfice de l'hypothèque légale. On voit cependant que, dans ce cas, elle est placée dans la même situation que la femme dotale, quant à ses biens paraphernaux : dans les deux cas, elle garde l'administration de ses biens; mais il peut se présenter telle circonstance qui la rende créancière de son mari, soit que le mari s'immisce dans l'administration, soit que des sommes appartenant à la femme aient passé dans ses mains ou aient été employées à son utilité.

On peut dire, d'une manière *absolue,* que l'hypothèque légale est attribuée *à tous les droits et créances* des femmes. C'est le sentiment de M. Troplong : « Je crois avec fermeté, » dit-il, « qu'il ne faut rien restreindre du sens du mot *créan-* » *ces* employé par notre article. » Ce principe nous permet-

---

([1]) 3 arrêts de Grenoble : 24 juillet et 24 août 1814, 9 juillet 1819. Ce dernier cassé par arrêt du 11 juin 1821. — Aix, 19 août 1813.

([2]) L. *si mulier, ultima. C. De pact. convent.* — Favre, C. lib. V° t. VIII, déf. 23. — Cujas, C. *De jur. dot,* etc.

([3]) Merlin, *Rep.,* sect. II, § 3, art. 4, n° 8, v° *Inscrip. hyp.*

tra de résoudre, sans hésiter, et dans le sens que nous avons adopté ci-dessus, toutes les questions analogues qui pourront se présenter.

II

L'énumération de l'art. 2135 n'est donc pas limitative : on ne pourrait le soutenir que par une étrange méprise sur son but évident, qui est de dispenser l'hypothèque légale de l'inscription, et d'en fixer le rang pour les cas les plus importants.

L'art. 2135 n'est que l'application et le développement d'un principe que nous ne trouvons pas écrit dans la loi, mais qui ressort des travaux de la confection du Code, auxquels il est toujours intéressant de recourir. — La rédaction primitive était très-différente de celle qui fut adoptée. — Conformément à une ancienne jurisprudence que nous avons eu lieu de rappeler plus haut, le projet faisait remonter l'hypothèque légale pour toutes les créances des femmes à une même date, *au jour du mariage.* « L'hypothèque existe, in-
» dépendamment de toute inscription…., au profit des fem-
» mes, pour raison de leurs *dot, reprises et conventions*
» *matrimoniales,* sur les immeubles de leur mari, à compter
» du *jour du mariage.* »

Cette rédaction ayant été communiquée au Tribunat, la section de législation fit les observations suivantes :

« La section pense qu'il y aurait un grand inconvénient à
» laisser subsister d'une manière aussi indéfinie l'hypothè-
» que légale des femmes sur les biens des maris. — Les som-
» mes dotales ne doivent avoir d'hypothèque légale lorsqu'elles
» proviennent de successions, que du jour de l'ouverture de
» ces successions. *Car c'est alors seulement qu'il y a de la*
» *part du mari une administration qui seule peut faire le*

» *fondement de l'hypothèque.* — Ce qu'on vient de dire des
» successions s'applique également aux donations. »

» D'un autre côté, si la femme s'oblige conjointement avec
» son mari, ou si, de son consentement, elle aliène ses im-
» meubles, elle ne doit avoir hypothèque sur les biens du
» mari, pour son indemnité dans les deux cas, qu'à compter
» de l'obligation ou de la vente. *Il n'est pas juste qu'il y ait*
» *une hypothèque avant l'existence de l'acte qui forme l'o-*
» *rigine de la créance,* et il est odieux que la femme, en
» s'obligeant ou en vendant postérieurement, puisse primer
» des créanciers ou des acquéreurs qui ont contracté aupa-
» ravant avec le mari. C'était là une source de fraudes qu'il
» est enfin temps de faire disparaître. »

Le système de l'ancienne jurisprudence du Parlement de
Paris, ne trouva point de défenseurs dans le Conseil d'État :
la rétroactivité était même tellement odieuse, que le consul
Cambacérès exprima la crainte « que l'on pût la stipuler par
» des conventions particulières; » mais Treilhard répondit
« que la rédaction proposée excluait toute stipulation ayant
» pour objet de faire revivre le privilége de la loi *Assi-*
» *duis.* » — L'ancienne jurisprudence, ainsi condamnée,
pouvait pourtant être justifiée dans une certaine mesure :
elle était une conséquence du principe que *les droits des in-*
capables doivent être préférés aux droits des tiers. Il peut
arriver qu'au moment du mariage la fortune immobilière du
mari présente un gage amplement suffisant, mais que ce gage
soit détruit ou diminué par la suite : diverses causes feront
naître des créances en faveur de la femme, et l'hypothèque
qui doit les garantir ne trouvera plus d'immeubles qu'elle
puisse frapper : la femme sera donc trompée dans la confiance légitime qu'elle devait avoir au moment du mariage,
et il pourra en résulter pour elle un préjudice considérable ; —
aussi ne sommes-nous pas surpris de voir quelques auteurs

modernes, et notamment M. Dalloz (v° *Hyp.*, p. 133, n° 5)
et Zachariæ (t. 2, p. 129, note 26), regretter sur ce point le
système de la coutume de Paris.

Notre art. 2135 fut rédigé en conformité des observations
du Tribunal. Ces observations, qu'en raison de leur importance nous avons cru devoir citer presque en entier, mettent
en évidence un principe général qui domine la matière et
devra nous servir de guide dans tous les cas où il s'agira de
déterminer la date, et par suite le rang d'une hypothèque
légale ; ce principe est celui-ci : *l'hypothèque étant l'acces-*
soire de la créance, ne peut avoir d'autre origine et d'autre
date qu'elle, et la créance de la femme ne peut naître que
du fait d'administration du mari qui le constitue débiteur.
— Les solutions consacrées par la loi, adoptées par la jurisprudence ou proposées par la doctrine, dans les cas par-
ticuliers, ne sont que des applications de cette règle. —
Nous allons maintenant étudier les diverses dispositions de
l'art. 2135 :

III.

« L'hypothèque existe indépendamment de toute inscription...., au profit des femmes....; *à compter du jour du*
mariage. »

Nous devons examiner d'abord une question qui n'est pas
sans gravité : *Est-ce du jour de la célébration du mariage*
ou du jour du contrat qu'il faut donner rang à l'hypothè-
que légale pour la dot et les conventions matrimoniales ?
Cette question a divisé la doctrine : elle ne s'est présentée que rarement dans la pratique ; il faut en effet supposer
que le mariage ne suive pas immédiatement le contrat, et
que le futur époux mette à profit cet intervalle pour grever
ses immeubles ou les aliéner. La jurisprudence n'a eu à se

prononcer que dans deux arrêts : un arrêt du 19 août 1824, rapporté dans le *Mémorial de Jurisprudence*, t. IX, p. 305, et un arrêt de Nimes du 26 mars 1833 ([1]) : tous les deux décident que l'hypothèque doit prendre date du jour de la célébration du mariage. Cette doctrine est également celle du plus grand nombre des auteurs ([2]), et tend à prévaloir : elle est cependant combattue, notamment par M. Tarrible, dans un article inséré dans le *Rép.* de Merlin, v° *Inscrip.* § 3, n° 3, et par M. Troplong (*Priv.* et *Hyp.* n°s 578 et suiv).

L'art. 2135 fournit déjà un argument aux partisans de la première opinion. Il dispose, en termes exprès, que l'hypothèque légale n'existe au profit des femmes que *du jour du mariage :* ces expressions de la loi sont claires et ne sont susceptibles d'aucune équivoque ([3]). — Mais on répond que l'art 2135 ne prévoit que le *plerumque fit,* le cas où il n'y a pas de contrat, et celui où la célébration du mariage a suivi immédiatement la rédaction du contrat. On ajoute que les art. 2194 et 2195 font au contraire remonter l'effet de l'inscription *au jour du contrat de mariage :* dans le langage juridique, ces deux dénominations *acte de mariage, contrat de mariage,* ont toujours été soigneusement distinguées, et l'on ne peut supposer que le législateur ait employé l'une pour l'autre. — On répond, avec l'arrêt cité de la Cour de Nimes, que si les mots *acte* et *contrat* de mariage ont habituellement les sens différents qu'on leur attribue, ce n'est cependant là qu'un usage qui n'a rien d'absolu : en réalité, l'expression *contrat de mariage* s'applique aussi bien au contrat passé devant l'officier de l'État civil, qui régit l'association des personnes, qu'à celui passé devant le notaire, qui régit l'as-

---

([1]) Sir., v. 24-2-90.
([2]) Grenier, I, n° 243. — Duranton, t. XX, n° 20. — Persil, *Rég. hyp.* sur l'art. 2135, — Tessier, *Dot,* note 1093.
([3]) Arrêt cité du 26 mars 1833.

sociation des biens. — On peut ajouter que si les art. 2194 et 2195 avaient le sens qu'on veut leur donner, ils laisseraient en dehors de leurs prévisions les cas si nombreux où il n'y a pas de contrat de mariage, — ce qui est inadmissible. Enfin, dans tous les cas, notre art. 2135 est évidemment plus topique, puisqu'il a précisément pour objet de déterminer le rang de l'hypothèque légale, tandis que les art. 2194, et 2195, ont pour but spécial de régler les formalités de la purge.

Mais ce n'est pas dans ces arguments de texte que nous devons chercher la véritable solution. Nous ne la trouverons pas non plus dans les arguments historiques invoqués par MM. Tarrible et Troplong à l'appui de leur opinion. — Les textes du droit romain que cite M. Troplong (¹) ne sont relatifs qu'à une hypothèque *dotale expressément stipulée;* or, il est incontestable que cette hypothèque, conformément au droit commun, doit dater de la convention. M. Troplong a lui-même prévu l'objection, et ce qu'il ajoute, « que la loi, en donnant une hypothèque légale, fait l'office des parties, » ne nous semble point une raison convaincante, puisqu'il s'agit de savoir *quel est l'instant précis de cette intervention de la loi.*

L'autorité du droit romain doit donc être écartée, et nous ne pensons pas que celle de l'ancienne jurisprudence doive être d'un plus grand poids. Il nous suffit de remarquer que cette doctrine était en conformité avec un régime qui n'est plus le nôtre, et dont les bases mêmes étaient diamétralement opposées. Tout contrat authentique emportait hypothèque de plein droit : ce n'était donc là que la règle du droit commun appliquée au contrat de mariage. D'autre part, et cette considération est importante, le système de la publicité des hypothèques n'existait pas : les périls qui menaçaient

(¹) L. 1, D. *Qui potior.*

les tiers étaient les mêmes, qu'il s'agit d'hypothèques légales nées d'un contrat de mariage, ou d'hypothèques ordinaires, également occultes et générales, ayant leur source dans d'autres contrats. Ces différences capitales, qui creusent, en quelque sorte, un abîme entre les deux législations, ne permettent donc pas d'étendre au présent les règles du passé, et c'est dans un autre ordre d'arguments que nous devons chercher une solution définitive. — Un examen attentif des principes nous a donné la conviction que la doctrine adoptée par la jurisprudence est seule conforme à la saine interprétation de la loi.

L'argument fondamental sur lequel s'appuie l'opinion contraire est ainsi présenté par M. Troplong (n° 580) : « Si la » loi, par une fiction favorable, n'eût créé elle-même l'hypo- » thèque légale, et qu'elle eût chargé les parties du soin de » la stipuler, c'est bien certainement dans le contrat de ma- » riage que les conventions à ce relatives auraient trouvé » leur place. La fiction doit donc produire les mêmes résul- » tats que la réalité. A la vérité, le contrat de mariage est » toujours soumis à une condition suspensive, *i nuptiæ* » *subsecutæ fuerint*. Mais cette condition est mix , et son » accomplissement produit un effet rétroactif au jour du » contrat. »

Cette argumentation paraît inspirée du passage de mat rapporté plus haut (1). Elle repose sur une identité ent les *effets de la fiction et ceux de la réalité,* qui ne nous paraît pas fondée. Dans l'hypothèse où se place M. Troplong, il ne serait plus question d'une hypothèque légale, mais d'une hypothèque conventionnelle ordinaire, soumise aux règle du droit commun. — Lorsque la loi confère elle-même une hypothèque, le contrat est, à cet égard, comme non exis-

---

(1) *Sur l'ancienne Jurisprudence,* p 39.

tant; ce n'est point au contrat que la loi a attaché l'hypothèque, c'est au fait seul du mariage; *c'est donc à la loi
qu'il appartient de fixer la date de l'hypothèque qu'elle
donne;* elle le fait dans l'art. 2135; — la question n'a pas
fait un pas. C'est par des raisons analogues que nous avons
écarté l'autorité du droit romain et de la loi 1 D. *Qui potior.*

Quelque logique d'ailleurs que puisse paraître au premier
abord l'argumentation que nous combattons, elle conduit à
des résultats en opposition avec des principes qui doivent,
selon nous, dominer la question. — Pour que la femme ait
droit à l'hypothèque légale, il est de toute évidence qu'il faut
la réunion de ces deux circonstances : 1° qu'elle soit mariée;
2° qu'elle soit créancière. Or, ni l'une ni l'autre n'existe avant
la célébration. Elle n'est pas épouse, car « le mariage n'a de
consistance que par l'union contractée devant l'officier de l'é-
tat civil (¹). » Comme le dit fort bien M. Tessier, tant que la célébration n'a pas eu lieu, il ne peut exister ni mari, ni femme,
ni hypothèque. — Elle ne peut pas être non plus *créancière,
comme épouse.* C'est ici le lieu de nous rappeler le principe
mis en lumière par la discussion au Conseil d'État : la cause
génératrice de la créance de la femme, et, par suite, de son
hypothèque légale, *c'est le fait d'administration du mari
qui le constitue débiteur.* Or, comment concevoir qu'il puisse
y avoir un *mari administrateur* avant la célébration du mariage? Comment supposer qu'il y ait *le fait d'administration,* source de la créance privilégiée? — Le *futur époux* ne
peut se trouver débiteur que dans un seul cas, lorsque la dot
lui aura été comptée avant la célébration. Mais ce n'est là
qu'un acte de confiance, ou, si l'on veut, d'imprudence, qui
ne peut pas le constituer *mari administrateur.* Ce n'est là
qu'une créance ordinaire, que la loi ne peut, à aucun titre,

(¹) Arrêt cité.

reconnaître pour privilégiée. — L'art. 2,121 n'attribue l'hypothèque légale qu'aux droits et créances des *femmes mariées sur les biens de leur mari.* Comment, en présence
d'une disposition aussi formelle, soutenir que la femme puisse,
par l'effet d'un simple acte notarié, acquérir une hypothèque
légale sur les biens de celui avec qui elle n'est pas unie par
les liens du mariage? — Ainsi, la base même de l'hypothèque légale, le titre de créancière et d'épouse, fait défaut.

Les arguments se pressent en foule à l'appui de notre
opinion. — Il ne faut pas oublier que si le législateur
a dispensé l'hypothèque légale de la nécessité d'une inscription, il a pris des mesures pour lui donner la plus grande
publicité possible : c'est l'objet des art. 2136 et suiv. Comment les inscriptions pourront-elles être prises avant la célébration du mariage? Qui donc aurait qualité pour les requérir (¹)?

M. Troplong puise un argument d'induction dans l'art.
1404. Cet article, il est vrai, consacre un cas de rétroactivité au jour du contrat, mais il a pour objet spécial de prévenir les fraudes qui pourraient résulter de l'acquisition
d'immeubles par le mari postérieurement au contrat : on ne
peut pas conclure de ce cas à celui qui nous occupe; de plus,
le législateur, en déclarant, dans un cas particulier, l'effet
rétroactif, ne semble-t-il pas déroger au droit commun? *Qui
dicit de uno negat de altero.*

Les dangers pour les tiers du système que nous combattons devraient seuls le faire rejeter. On les a signalés dans
tous les temps. Comment les créanciers ou les acquéreurs
pourraient-ils se mettre en garde contre les fraudes? Le contrat de mariage n'a point de publicité : c'est le fait du mariage, comme on l'a dit au Conseil d'État, qui doit avertir

---

(¹) Tessier, *loc. cit.*

les tiers de la situation de la personne avec laquelle ils con-
tractent. — On objecte, il est vrai, que les mêmes dangers
existent pour la femme : le futur époux pourra hypothéquer
ou vendre ses biens postérieurement au traité nuptial et
avant le mariage; le gage sur lequel devait compter la femme
se trouvera ainsi diminué, anéanti. — La femme aura toujours dans ce cas un remède suprême — et facile : déchirer
le contrat, et ne pas consentir au mariage. Tout danger sera
prévenu. Il peut toutefois se présenter un cas où le remède
ne sera plus à côté du mal : c'est lorsque la dot aura été li-
vrée prématurément et avant les noces; mais il faut dire ici,
avec M. Tessier : « Est-ce à des tiers à souffrir de cette imprudence? »

Après avoir fixé, en principe, le *point de départ* de l'hypothèque légale, nous allons reprendre l'étude des applications faites par l'art. 2135. Il ne faut pas perdre de vue que
cet article ne contient pas *une énumération limitative.*

IV

1° ... « *Pour raison de leurs dot et conventions matrimoniales.* »

Le mot *dot*, commun à tous les régimes, a cependant,
dans chacun d'eux, une acception différente. Dans tous, il
s'applique aux biens que la femme apporte pour soutenir les
charges communes du mariage; mais ce sens doit être res-
treint, dans le régime dotal, aux biens *constitués*, tous les
autres étant *extra-dotaux* ou *paraphernaux*. — Au point
de vue de la date de l'hypothèque, il faut observer qu'elle
remonte au jour du mariage pour tout ce qui est donné ou
constitué en *biens présents :* peu importe qu'il ait été stipulé des délais pour le paiement; le droit, en effet, est fixé
dès le contrat. La solution ne peut être la même à l'égard

des constitutions de *biens futurs*. Dans ce cas, le droit n'est réalisé que par les événements ultérieurs qui font entrer les biens constitués dans le patrimoine de la femme : l'hypothèque ne peut donc prendre date que de ces événements. C'est l'opinion de M. Tarrible (¹), de M. Troplong (²) et de tous les auteurs. Notre article en fait, du reste, plus loin l'application expresse aux sommes *dotales* provenant de successions ou donations, et perçues pendant le mariage. Le principe posé peut être aisément appliqué aux espèces que la loi n'a pas prévues.

Dans le régime de la communauté, la dot a une plus grande extension : elle comprend le patrimoine tout entier de la femme; les biens qu'elle apporte au moment du mariage, comme ceux qu'elle peut acquérir pendant sa durée. — Ce que nous venons de dire pour la *dot constituée* doit être appliqué au régime de communauté : la rétroactivité au jour du mariage ne peut être entendue qu'en ce qui concerne les biens présents.

Par les mots *conventions matrimoniales*, notre article désigne spécialement celles qui sont contenues dans le contrat de mariage, et par lesquelles le mari assigne des avantages à sa femme : un douaire, un gain de survie, etc.; en un mot, les *donations par contrat de mariage*.

2° « La femme n'a d'hypothèque pour les *sommes dotales*
» qui proviennent de *successions à elles échues, ou de dona-*
» *tions à elles faites pendant le mariage*, qu'à compter de
» l'ouverture des successions ou du jour que les donations
» ont eu leur effet. »

On peut s'étonner que le Code ne parle ici que des sommes *dotales*, et que cette disposition ne puisse s'appliquer aux sommes tombant dans la communauté que par argument *à fortiori*, et par une extension qui d'ailleurs ne fait

(¹) *Rép.* Merlin, v° *Inscrip. hyp.*
(²) *Priv. et Hyp.*, n° 585 et suiv.

pas difficulté. Un coup d'œil sur l'ancienne jurisprudence
nous l'explique cependant. On y tenait pour constant, nous
dit M. Troplong (n° 585), que lorsque la *constitution de
dot* comprenait les biens présents et à venir, l'hypothèque pour donations faites à la femme et pour sommes provenant de successions à elle échues pendant le mariage, re-
montait au jour du contrat, doctrine résumée dans ces lignes
du président Favre : « *Si propoñas, ab initio constituta in
» dotem fuerint bona etiam futura, quo casu haud dubiè
» anterioris temporis privilegium tota dos haberet.* » Cette
jurisprudence n'était point admise avec la même unanimité
pour la femme *commune en biens*. Tel est le motif pour lequel le législateur a cru devoir s'expliquer plus spécialement
à l'égard des sommes dotales; telle est au moins la préoccupation à laquelle il a obéi. — Dans une acception plus
générale d'ailleurs, le mot *dotales* peut s'appliquer également
aux sommes tombant dans la communauté et qui font partie
de l'apport de la femme.

A l'égard des *successions*, la date de l'hypothèque légale
ne peut présenter aucune difficulté : c'est toujours l'*ouverture des successions* qui la détermine; à ce moment, en effet, le droit est fixé; il ne faut pas tenir compte de la réception effective des sommes. — En ce qui concerne les *donations*, les termes de la loi ne sont pas aussi explicites. Quel
est le jour *où les donations auront leur effet? Celui où le
droit de percevoir les sommes données est ouvert, ou celui
du versement effectif entre les mains du mari?* Nous n'hésitons pas à adopter la première interprétation, professée par
MM. Tarrible, l. c., et Troplong (n° 586). L'argument d'a-
nalogie avec les successions ne peut laisser de doute. — Il
serait inutile d'insister davantage sur ce point, si un passage
de M. Pont (*Hyp.*, n° 757) ne nous montrait qu'un excès de
concision a fait mal saisir l'opinion de ces auteurs. M. Pont

distingue entre le cas d'une donation entre-vifs *pure et simple*, et le cas d'une donation *conditionnelle :* dans le premier cas, « l'hypothèque devra dater du jour de l'acceptation (¹); » mais, dans le second, on ne devra donner date à l'hypothèque que de l'événement de la condition. Ces deux décisions sont inattaquables : elles ne sont, en effet, que la conséquence du principe posé par M. Tarrible, que « *l'hypothèque doit prendre rang du jour que le droit de percevoir les sommes données est ouvert.* » M. Tarrible ne s'est pas expliqué sur la seconde hypothèse; mais c'est à tort, pensons-nous, que M. Pont le cite comme professant une opinion opposée.

V

3° « Elle n'a hypothèque pour *l'indemnité des dettes* » *qu'elle a contractées avec son mari, et pour le remploi de* » *ses propres aliénés, qu'à compter du jour de l'obligation* » *ou de la vente.* »

Cette source de créances est spéciale à la femme commune en biens. L'hypothèque pour l'indemnité des dettes et pour le remploi des propres, inconnue dans l'origine, fut introduite par l'usage dans l'ancienne jurisprudence (²) : on y chercha une garantie contre l'influence du mari, influence qui, dans bien des cas, ne peut pas permettre de regarder comme parfaitement libre le consentement donné par la femme. On fit remonter la date de l'hypothèque au jour du contrat ou de la célébration du mariage. Telle était du moins la règle générale (³), bien qu'elle ne fût pas admise dans quelques ressorts

(¹) Tarrible, *loc. cit.*

(²) Pour le remploi des propres aliénés, depuis les États de 1614, suivant M. de Lamoignon.

(³) Lamoignon, t. II, p. 132. — Grenier, t. I, p. 479. — Troplong, n° 588. — Pont, n° 758.

et qu'elle rencontrât partout une vive opposition. C'est en effet dans ce cas que sont le mieux justifiées les critiques adressées par le Tribunat au principe de la rétroactivité.

Les contemporains les plus éclairés ne jugeaient pas moins sévèrement que les auteurs modernes cette jurisprudence, témoin ce passage de M. de Lamoignon : « Les hypothèques » données aux femmes du jour du contrat de mariage, ou de » la bénédiction nuptiale, pour l'indemnité des dettes, ne » sont pas régulières; car *l'hypothèque, n'étant qu'accessoire* » *de l'obligation personnelle, ne peut, dans les principes de* » *droit, exister en un temps où l'obligation personnelle n'é-* » *tait pas encore conçue.* » M. de Lamoignon signale ensuite les graves inconvénients, et pour le mari et pour les tiers, d'une doctrine que sa haute raison condamnait. — *Cette source d'embarras et de fraudes* a heureusement disparu de nos lois.

La femme peut-elle, par son contrat de mariage, déroger à la disposition du Code, et stipuler que l'indemnité aurait hypothèque à compter du mariage? Un arrêt de la cour de cassation du 26 février 1820, MM. Delvincourt (t. III, p. 105) et Dalloz *(Hyp.,* p. 123), se prononcent pour l'affirmative, se fondant sur ce que les tiers seront suffisamment a ertis par le contrat de mariage; mais il faut adopter l'opinion contraire, soutenue par M. Troplong (n° 588 *bis*). Le Code a été dirigé par des motifs d'ordre public : « Les tribunaux ne » doivent pas tolérer des conventions qui favorisent les frau- » des, et qui par conséquent sont contraires aux bonnes. » mœurs (¹). »

La disposition de notre article relative à *l'aliénation des propres* doit-elle être étendue à *l'aliénation des immeubles dotaux?* Nous ne le croyons pas. Les termes de la loi ne pa-

---

(¹) Pont, *Priv. et Hyp.,* t. II, p. 703.

raissent pas se prêter à cette interprétation. D'ailleurs, l'aliénation des immeubles dotaux ne peut avoir lieu que conformément au contrat de mariage, lorsque cette faculté y a été réservée, ou en violation de ce même contrat. Dans le premier cas, l'administration du mari, et, par suite, sa responsabilité, commencent évidemment avec le mariage lui-même; dans le second, où le mari vend *indûment,* la position de la femme ne peut pas être moins favorable, et l'on doit décider *à fortiori* que l'hypothèque remonte au jour du mariage (¹).

VI

Ici se termine l'énumération de l'art. 2135. — Il laisse certainement en dehors de ses prévisions un grand nombre de créances, auxquelles devront s'appliquer les principes généraux que nous avons posés. Nous avons déjà dit, et il nous paraît incontestable, que la loi a entendu attribuer l'hypothèque légale à *toutes les créances* que la femme peut avoir sur les biens de son mari lors de la dissolution du mariage. Ce qui a pu faire naître le doute dans quelques esprits, c'est la suppression du mot *reprises* dans la rédaction définitive de l'article; mais cette suppression a certainement été faite sans intention, et le mot *reprises* reparaît dans plusieurs des articles suivants. M. Tarrible dit que « *la dot, les conventions* » *matrimoniales et les reprises* comprennent *toutes les créan-* » *ces* que la femme peut avoir sur le mari, soit sous le ré- » gime dotal, soit sous celui de la communauté. »

Il sera facile, dans tous les cas que n'a pas prévus le Code, de fixer la date de l'hypothèque légale par la règle qu'elle doit remonter à l'acte d'administration du mari, qui le cons-

---

(¹) Cass., 27 juillet 1826. — Troplong, n° 589. — Pont, p. 771.

titue débiteur. Faisons-en, par exemple, l'application aux *créances paraphernales*. Si le mari a reçu mandat de sa femme pour administrer les biens extra-dotaux, il est clair que sa responsabilité, comme son administration, remontera au jour de la réception du mandat. Mais dans le cas contraire, qu'il s'agisse de l'aliénation de biens paraphernaux ou de la perception par le mari de sommes paraphernales, l'hypothèque légale ne doit être accordée à la femme que du jour de la vente, ou du jour que les sommes ont été employées au profit du mari [1].

Il est inutile du multiplier ces applications. (*V.* M. Pont, n°° 771 et suiv.)

VII

Nous avons vu que l'hypothèque légale avait pour point de départ la date des obligations consenties par la femme et celle de la réception par le mari des sommes dotales ou propres de communauté. Il faut examiner maintenant comment la preuve est faite vis-à-vis des tiers. — A l'égard des obligations, si elles ne sont pas authentiques, il est nécessaire que les actes sous seing privé qui les constatent aient acquis date certaine, conformément à l'art. 1328. L'intérêt des tiers l'exige impérieusement; autrement, la femme pourrait, de concert avec son mari, antidater frauduleusement ses créances, et dépouiller les créanciers du mari du bénéfice de la priorité [2]

La question présente plus de difficultés pour les sommes dotales : d'une part, il faut protéger les droits des tiers contre les avantages que les époux pourraient se faire frauduleusement; d'autre part, on ne peut sacrifier l'intérêt plus

[1] Tarrible, *Rép.*, loc. cit. — Grenier, t. I, p. 497. — Troplong, n° 590.
[2] Auteurs et arrêts. — Pont, n° 761.

favorable encore de la femme, qui, dans son état d'incapacité, ne pourra pas toujours se procurer les titres qu'on exige. Aussi cette question a longtemps partagé les esprits. — Dans l'ancienne jurisprudence, les uns voulaient que l'on ne pût pas opposer aux tiers des *quittances dotales non authentiques* : ils se fondaient sur l'art. 130 de l'Ordonnance de 1629 et sur la disposition d'une déclaration du 6 mars 1690; les autres repoussaient l'autorité de ces dispositions, qui, du reste, n'avaient jamais eu force de loi dans la plupart des Parlements du royaume, « à cause du grand préju-» dice qu'il pouvait en résulter pour les femmes. » Après une longue incertitude (¹), la jurisprudence fut fixée dans ce sens par un arrêt du Parlement de Paris du 3 septembre 1781. Il fut décidé que rien n'obligeait les femmes à présenter des quittances authentiques. C'est aussi cette solution qui doit être adoptée aujourd'hui. — Il faut même aller plus loin, et décider, avec deux arrêts de la Cour de Cassation (²) et la majorité des auteurs (³), que toutes les fois que la femme n'aura pu se procurer de preuve écrite, elle devra être admise à établir ses droits par la *preuve testimoniale*. Dans ce cas, elle devra justifier de la provenance des deniers qu'elle prétend avoir été perçus par le mari, « *unde habuit.* »

VIII

Le dernier paragraphe de l'art. 2135 renferme une disposition d'équité que rend toujours nécessaire un changement de législation : « Dans aucun cas, la disposition du présent » article ne pourra préjudicier aux droits acquis à des tiers

---

(¹) Denizart, vᵒ *Dot*, nᵒ 57.
(²) 1ᵉʳ février 1816 et 20 juillet 1817.
(³) Troplong, nᵒˢ 591 et suiv. — Grenier, *Hyp.*, t. I, p. 505. — Dall., *Hyp.*, p. 128.

» avant la publication du présent titre. » L'intérêt des *questions transitoires* tend évidemment à diminuer : nous n'indiquerons que les principales.

La loi de l'an VII faisait dépendre de l'inscription le rang de l'hypothèque légale : les créanciers qui s'étaient inscrits avant la femme lui étaient donc préférables. C'était un *droit acquis,* auquel, suivant les termes de notre article, la nouvelle législation ne pourra préjudicier. Si les créanciers n'avaient pas pris inscription avant la promulgation du Code, la femme les primera par le seul effet de l'art. 2135.

Les *droits acquis des femmes* ne devront pas être moins respectés. Celles qui auront contracté mariage sous l'empire des coutumes qui admettaient pour toutes les créances la rétroactivité de l'hypothèque au contrat de mariage ou au jour de la célébration, jouiront de ce privilége sans que la nouvelle loi y puisse porter atteinte : c'était une des garanties qui leur étaient offertes; elles ont dû y compter : il y avait donc pour elles un droit acquis.

Il est certain, et cela a été jugé ainsi par plusieurs arrêts, que les dispositions de la loi actuelle ne sont pas applicables aux femmes veuves lors de la promulgation du Code, ou aux héritiers des femmes décédées à la même époque : elles ne sont applicables qu'aux femmes mariées. Mais la Cour d'Aix a très-certainement jugé à tort que l'art. 2135 ne profitait pas à la femme séparée de biens avant le Code civil : la femme séparée de biens, même de corps, n'en est pas moins *mariée,* et a, comme telle, droit à l'hypothèque légale [1].

---

[1] Aix, 1er février 1811. — Troplong, nos 628 et suiv. — Pont, nos 755, 759.

SECTION II (Art. 2136 et s., 2153).

I

La loi, en dispensant l'hypothèque légale de la nécessité de l'inscription, n'a dérogé qu'à regret au principe de la publicité; et voulant concilier, autant que possible, des intérêts opposés, mais également respectables, elle a cherché à donner à l'hypothèque légale une notoriété suffisante pour avertir les tiers. Dans ce but, elle a confié aux diverses personnes indiquées dans les art. 2136 et suiv. le soin de prendre inscription : aux unes, c'est une obligation qu'elle impose; aux autres, elle adresse une simple invitation. — Sans doute, ce moyen ne sera pas infaillible, et un grand nombre d'hypothèques légales resteront non inscrites.

Parmi les personnes que la loi charge de prendre inscription, nous trouvons en première ligne le mari :

, « Sont toutefois les maris, dit l'art. 2136, tenus de ren-
» dre publiques les hypothèques dont leurs biens sont gre-
» vés, et à cet effet de requérir eux-mêmes, sans aucun dé-
» lai, inscription aux bureaux à ce établis, sur les immeu-
» bles à eux appartenant, et sur ceux qui pourront leur ap-
» partenir par la suite. » — L'article ajoute, comme sanction, que le mari qui aura négligé de faire faire les inscriptions ordonnées, et qui aura, par la suite, *consenti* ou *laissé
prendre des priviléges* ou *des hypothèques* sur ses biens,
sans *déclarer expressément* qu'ils sont affectés à l'hypothèque légale, *sera réputé stellionataire, et comme tel contrai-
gnable par corps.*

Des termes mêmes de l'article, il résulte qu'il n'importe pas de savoir si les tiers ont eu autrement connaissance de l'existence de l'hypothèque légale; il faut une déclaration expresse du mari; on ne peut admettre aucun équipollent ([1]). — Il en résulte également que cette disposition n'est pas applicable aux *ventes* ou *aliénations,* sur lesquelles l'article est muet ([2]). L'acquéreur aura d'ailleurs le secours de la purge contre les hypothèques occultes qui pourraient exister.

Les mots : « *Consenti ou laissé prendre des priviléges,* » — « *Laissé prendre des hypothèques,* » présentent quelques difficultés d'interprétation. Un système consiste à les considérer comme inutiles et à lire comme s'il y avait simplement : « Consenti des hypothèques. » Cependant, les auteurs indiquent quelques espèces où les expressions du Code pourraient trouver leur application. (Voy. M. Mourlon, t. 3. p. 402.)

L'obligation de faire faire les inscriptions n'est imposée qu'aux maris; mais, à leur défaut, et prévoyant même qu'ils négligeront une formalité contraire à leur propre intérêt, la loi autorise à les requérir : 1° le procureur impérial (art. 2138); 2° les parents et amis; 3° la femme elle-même (art. 2139). — Cet appel fait à toutes les personnes qui peuvent prendre intérêt aux droits des femmes, témoigne de l'importance que la loi attache à l'inscription des hypothèques légales, bien que la pratique ne nous permette pas de douter que ces moyens ne doivent le plus souvent rester inefficaces.

II

Cette inscription est soumise à des règles particulières énoncées dans l'art. 2153 : « Les droits d'hypothèque purement légale des femmes mariées, sur leurs époux, seront »

([1]) Limoges, 18 avril 1828. — Troplong, n° 633, etc.

([2]) Tarrible; *Rép.,* v° *Insc.,* p. 208. — Dall., *Hyp.,* p. 223. — Troplong, n° 633 bis.

» inscrits sur la représentation de deux bordereaux contenant
» seulement : 1° les nom, prénoms, profession et domicile
» réel du créancier, et le domicile qui sera par lui ou pour
» lui élu dans l'arrondissement; — 2° les nom, prénoms,
» profession, domicile, *ou désignation précise* du débiteur;
» — 3° la nature des droits à conserver, et le montant de
» leur valeur quant aux objets déterminés, sans être tenu de
» le fixer quant à ceux qui sont conditionnels, éventuels ou
» indéterminés. »

La disposition relative à la désignation du créancier et
du débiteur est commune à toutes les inscriptions de privilége ou d'hypothèque. — On ne considère pas généralement la désignation du créancier comme indispensable à la
validité de l'inscription. Ce qui importe en effet aux tiers,
c'est évidemment de savoir *le montant des créances antérieures;* mais ils n'ont point d'intérêt à savoir quels sont
précisément les créanciers qui leur sont préférables. C'est
l'opinion dominante de la doctrine [1]. Toutefois, quand il
s'agit de l'hypothèque légale d'une femme mariée, il faut que
la qualité de la créance soit formellement exprimée, puisque
diverses prérogatives y sont attachées. — Il est très-impor-
tant qu'il y ait un domicile élu; c'est à ce domicile que doivent être faites toutes les notifications et significations con-
cernant l'inscription (*C. Nap.* 2156), la purge (2183), la
saisie immobilière (*Pr.* 692), la production à l'ordre (753).
On n'est pas d'accord sur l'effet du défaut d'élection de domicile. Les uns y voient, avec la Cour de cassation, une
cause de nullité de l'inscription; la majorité des auteurs,
avec un grand nombre de Cours, maintiennent la validité de
l'inscription, mais dispensent des notifications, etc., qui au-

---

[1] Tarrible, *Rép.*, v° *Insc.*, § 5, n° 8. — Grenier, t. I, p. 100. —
Pont, n° 669. — Troplong, n° 629.

raient dû être faites au domicile élu. Le créancier qui aura
omis d'élire un domicile, peut ainsi se trouver exposé à perdre son gage : c'est le châtiment de sa négligence ([1]).

Ces observations doivent être modifiées au cas de l'hypothèque légale. Alors, en effet, l'inscription elle-même n'étant
pas nécessaire, l'élection de domicile ne peut avoir de sanction, et les tiers ne seront jamais dispensés de faire à la
femme les notifications nécessaires.

La désignation du débiteur, qui peut être faite par équi-
pollents, comme cela résulte des termes de notre article, est
essentielle, on le comprend, au but même que se propose la
publicité. Aussi, décide-t-on généralement que cette énonciation est nécessaire à la validité de l'inscription, et même que
de toutes les formalités requises par la loi, elle est une de
celles dont l'observation doit être exigée le plus impérieusement ([2]).

L'inscription de l'hypothèque légale est dispensée de la
mention de la *nature* et de la *date du titre*, imposée aux
inscriptions ordinaires. C'est là une conséquence du caractère même de l'hypothèque légale; son titre est dans la loi
elle-même.

Une dernière énonciation, qui ne le cède à aucune autre
en importance, est *l'indication du montant de la créance*.
Cette disposition, en ce qui concerne l'hypothèque légale, est
et doit être soumise à des règles particulières. Parmi les
droits et créances des femmes, les uns peuvent être d'ors et
déjà déterminés : le montant devra en être indiqué, suivant
le droit commun; mais d'autres sont nécessairement conditionnels, indéterminés; la loi n'impose pas l'obligation de les
évaluer. — Par application de ce principe, on doit décider,
avec M. Pont, n° 907, et la majorité des auteurs, qu'à l'égard

---

([1]) Pont, n° 970. Auteurs et arrêts cités.
([2]) Tarrible, *loc. cit.*, § 5, n° 9. — Pont, n° 977. — Troplong, n° 680.

des *reprises*, l'inscrivant satisfait pleinement à la loi avec cette indication générale de *reprises*, *créances* ou *droits matrimoniaux*, sans en exprimer la cause et le montant.

SECTION III (Art. 8, 10 et 11 de la loi du 23 mars 1855).

La raison indique que la protection accordée aux incapables doit cesser avec l'incapacité elle-même. A la dissolution du mariage, la femme reprend son entière capacité ; — cela est si vrai, que la prescription, suspendue pendant la durée du mariage (art. 2256), commence à courir contre la femme aussitôt après sa dissolution ; — l'on ne voit pas pourquoi la protection de la loi s'étendrait encore sur elle. L'hypothèque légale subsistera-t-elle même alors, avec sa double prérogative de généralité et de dispense d'inscription ?

La généralité se maintient aussi longtemps que l'hypothèque subsiste elle-même. Au moment où l'hypothèque devient utile, au moment où droits et actions de la femme sont ouverts, il serait illogique de lui enlever un bénéfice qui ne lui a été jusqu'alors d'aucune utilité. Mais il n'en est pas de même de la dispense d'inscription, et l'on a toujours compris que l'état d'incapacité cessant, il y avait lieu sur ce point de revenir au droit commun.

L'édit de 1673, « cet admirable édit où Colbert devan- » çait les idées de son temps », avait fait fléchir le principe de la publicité au profit des incapables ; mais il avait senti que cette faveur devait cesser lorsque ceux-ci auraient été mis, depuis un certain temps, en position de se protéger eux-mêmes. En conséquence, pour ne parler que des femmes, elles étaient tenues de former opposition *dans les quatre mois de la séparation* ou *dans l'année qui suivrait le décès du mari* (art. 63) — La loi du 11 brumaire an VII, en imposant à toutes les hypothèques indistinctement la né-

cessité de l'inscription, avait cependant dispensé l'hypothèque légale de la femme du renouvellement, *pendant tout le
temps du mariage et une année après* (art. 23).

Le Code ne reproduisit ni la disposition de la loi de brumaire, ni celle de l'édit de 1673, et l'on ne peut trouver dans
les textes rien qui autorise à décider que l'hypothèque légale
de la femme soit soumise à l'inscription après la dissolution
du mariage. C'est ce que M. Tarrible a fort clairement établi (1), et c'est ce qui résulte de trois avis du Conseil d'État
des 13 décembre, 0 mai 1807 et 3 mai 1812. La jurisprudence avait généralement adopté cette doctrine (2).

Cependant, il y avait là une exagération de la protection
due à la femme : divers auteurs, et notamment M. Grenier
(t. I, p. 524), faisaient des vœux pour que le législateur
apportât des changements à cet état de choses (3). Ces vœux
étaient ceux de tous les praticiens. On y faisait droit dans
les projets de réforme de 1850, et les rédacteurs de la loi du
23 mars 1855, empruntant à ces projets leur rédaction presque littérale, ont disposé, par l'art. 8, que « *si la veuve...,
ses héritiers ou ayants-cause, n'ont pas pris inscription dans
l'année qui suit la dissolution du mariage..., leur hypothèque ne date, à l'égard des tiers, que du jour des inscriptions prises ultérieurement.* »

C'était un retour à l'édit de Colbert, au moins pour *le cas
de dissolution du mariage;* car la nouvelle loi n'impose pas,
comme l'édit, à la femme séparée de biens l'obligation de
prendre inscription : elle fait durer la dispense d'inscription,
dans tous les cas, jusqu'à la dissolution du mariage.

L'art. 8 réalise une de ces améliorations de détail dont

----

(1) *Rép.*, v° *Inscrip.*, p. 195.
(2) Bordeaux, 24 juin 1836. — Paris, 16 mars 1839.
(3) Le Code napolitain avait réalisé cette amélioration (art. 2032,
2033).

parle M. Troplong (*Transc.*, n° 307), « qui ne troublent pas l'harmonie de l'économie du régime hypothécaire; » améliorations qui, pour ne pas affecter les allures d'une réforme, n'en produisent pas moins d'excellents résultats. — Cette disposition est commune à la femme et à ses héritiers; il ne faut pas excepter le cas où ces derniers, ou quelques-uns d'entre eux, seraient des incapables : la prescription annale n'en courra pas moins; les tuteurs ou curateurs seront tenus, sous leur responsabilité personnelle, de prendre inscription dans l'année. — L'inscription pourra être prise utilement dans l'année, quelque événement qui survienne : aliénation des immeubles, faillite du mari, etc. Dans ces circonstances, en effet, l'inscription, comme le renouvellement des inscriptions ordinaires, a un caractère purement conservatoire.

Pendant l'année de grâce, l'hypothèque subsiste avec toutes ses prérogatives; il en sera de même après, si la femme ou ses héritiers ont pris inscription, conformément à notre article. Mais dans le cas contraire, s'ils ne prennent inscription que postérieurement, l'hypothèque, tout en restant générale, perdra ses autres avantages, et, suivant les termes de l'article, *ne datera, à l'égard des tiers, que du jour des inscriptions prises ultérieurement.*

La nécessité d'un délai de grâce est évidente : on ne pouvait équitablement prononcer la déchéance contre les incapables sans les *mettre en demeure :* c'eût été rendre illusoire la faveur qu'on leur accordait.

L'art. 10 porte que « *la présente loi est exécutoire à partir du 1er janvier 1856.* » Les droits qui auraient dû être inscrits dans le délai fixé par l'art. 8, si la loi avait existé, devront l'être, d'après l'art. 11, *dans le délai d'un an, à compter du jour où la loi est exécutoire.* Ce n'est point là une atteinte au principe de la non-rétroactivité : on ne dispose que pour l'avenir; les incapables devenus capables avant le 1er jan-

vier 1856, sont mis en demeure par l'art. 11, comme ceux
devenus capables depuis cette époque sont mis en demeure
par l'art. 8. D'ailleurs, comme le fait observer M. Troplong
(n° 356), « il importait d'entrer sur-le-champ dans la voie
de la publicité. »

CHAPITRE III.

BIENS GREVÉS PAR L'HYPOTHÈQUE LÉGALE DES FEMMES MARIÉES

Art. 2123, 2140, 2142, 2144, 2145.

SECTION Ire (Art. 2122).

I

Nous arrivons à une nouvelle prérogative de l'hypothèque
légale, énoncée en ces termes par l'art. 2122 :

« Le créancier qui a une hypothèque légale peut exercer
» son droit *sur tous les immeubles appartenant à son débi-*
» *teur, et sur ceux qui pourront lui appartenir dans la suite,*
» *sous les modifications qui seront ci-après exprimées.* »

La *généralité* est une conséquence nécessaire de la nature
même de l'hypothèque légale des femmes. Les droits qu'elle
garantit sont *essentiellement indéterminés,* et j'ai déjà eu
occasion d'insister sur cette idée, en montrant qu'elle était
un des obstacles les plus sérieux à l'inscription et à la publicité. — Il faut avouer que c'est là un des caractères de l'hypothèque légale qui présentent le plus d'inconvénients : dangers pour les tiers, entraves au crédit du mari. — Le mal
n'est cependant pas sans remède : les derniers mots de l'article annoncent les *restrictions* qui font l'objet des art. 2140
et suivants.

L'hypothèque frappe tous les biens du mari, même ceux qu'il peut acquérir après la dissolution du mariage. Mais il ne faut pas aller au delà, et l'étendre aux immeubles des héritiers : « *générale hypothèque de tous biens comprend les* » *présents et à venir, et non ceux des hoirs* (¹). »

L'hypothèque doit suivre les modifications du droit de propriété du mari. C'est ainsi qu'elle ne peut grever les immeubles d'une société dont fait partie le mari, parce qu'il n'a sur ces biens qu'une expectative; mais elle frappe immédiatement ceux que le partage met dans son lot. — C'est ainsi encore que les immeubles dont le mari est propriétaire sous condition suspensive ou résolutoire, ne sont soumis à l'hypothèque que sous une condition identique, et l'hypothèque s'évanouit avec le droit du mari.

La règle cependant reçoit exception dans deux cas, où l'hypothèque subsiste même lorsque la condition résolutoire vient à se réaliser. — Le premier est prévu par l'art. 952 : « L'effet du droit de retour sera de résoudre toutes les aliénations » des biens donnés, et de faire revenir ces biens au donateur » francs et quittes de toutes charges et hypothèques, *sauf* » *néanmoins l'hypothèque de la dot et des conventions ma-* » *trimoniales, si les autres biens de l'époux donataire ne* » *suffisent pas, et dans le cas seulement où la donation lui* » *aura été faite par le même contrat de mariage duquel ré-* » *sultent ces droits et hypothèques.* »

Les termes mêmes de l'article nous amènent à remarquer : 1° que cette disposition est *dérogatoire au droit commun*, et que, par conséquent, toute extension doit être rigoureusement proscrite; — 2° qu'elle ne garantit que *la dot* et *les conventions matrimoniales*, laissant en dehors de sa protection toutes les autres créances que la femme peut avoir con-

(¹) Loysel, *Inst. coutum.*, liv. III, tit. VII, règ. 21.

tre son mari; — 3° qu'elle est *subsidiaire*, et que, par suite, la femme ne pourra y recourir qu'après avoir prouvé, en les discutant, que les biens du mari sont insuffisants.

L'exception édictée par l'art. 952 était également admise dans l'ancien droit [1]; il est facile de se rendre compte des motifs qui la justifient : l'intérêt dû au mariage, et la considération que c'est peut-être cette donation qui l'a déterminé, en offrant à la femme des garanties suffisantes pour assurer sa dot.

Le second cas est prévu par l'art. 1054, d'après lequel *les femmes des grevés de substitutions ont, par exception, un recours subsidiaire sur les biens à rendre, en cas d'insuffisance des biens libres, et seulement pour le capital des deniers dotaux*. Il faut, de plus, que *le testateur l'ait expressément ordonné* [2]. — Nous avons vu que, d'après Henrys, cette question avait été fort controversée sous l'ancienne jurisprudence, qui était partagée entre la faveur accordée aux substitutions et celle que réclamait la dot. Le Code s'est efforcé de ménager et de concilier ces deux intérêts.

Que décider lorsque le mari a un droit de réméré sur un immeuble vendu avant le mariage? L'hypothèque ne peut évidemment pas frapper le bien entre les mains de l'acquéreur : ce ne peut être que lorsque le rachat sera effectué que l'hypothèque viendra s'asseoir sur l'immeuble [3].

Le cas où un immeuble soumis à l'hypothèque légale est échangé, présente plus de difficulté. On demande si l'hypothèque suivra l'immeuble donné en échange, entre les mains

---

[1] Furgole, quest. 42, nos 40 et suiv. — Merlin, v° *Réversion*, sect. I, § 2, art. 3.

[2] V. Grenier, t. I, n° 263. — Dalloz, *Hyp.*, p. 136. — Marcadé, T. IV, n° 237.

[3] Troplong, n° 435. — Cass., 21 décembre 1825.

de l'acquéreur, et si, de plus, elle grèvera l'immeuble reçu par le mari.

Soulatges *(Hyp.,* p. 101), dans l'ancien droit, M. Grenier (I, n° 106), sous le Code, ont pensé que l'immeuble *baillé en échange* devait passer libre entre les mains du nouveau propriétaire, et que le fonds *donné en contre-échange,* qui venait prendre la place du premier, devait lui être subrogé quant à l'hypothèque, suivant la maxime *subrogatum sapit naturam subrogati* (¹). S'il en était autrement, le créancier aurait une hypothèque double de celle sur laquelle il devait compter. — Toutefois, et dans cet ordre d'idées, il aurait été peut-être plus conforme aux principes de laisser l'hypothèque *suivre le premier immeuble, sans grever le second :* la garantie de la femme n'aurait subi ainsi aucune altération. L'échange participe de la nature de la vente, et doit produire les mêmes effets : or, l'immeuble vendu reste dans tous les cas affecté à l'hypothèque légale, jusqu'à ce qu'il ait été procédé à la purge; il doit conséquemment en être de même pour l'immeuble échangé : dans ce système, on pourrait considérer l'immeuble reçu en échange comme *le prix de la vente,* et ne pas le soumettre à l'hypothèque. — Mais M. Troplong (n° 434 *bis)* fait remarquer avec raison que si le prix de la vente est employé à acheter un autre immeuble, celui-ci est immédiatement affecté à l'hypothèque; il doit en être de même dans le cas d'échéange : il faut donc décider que l'hypothèque s'étend aux deux héritages. — C'était l'opinion de Domat (²), de Pothier (³) et de la généralité des anciens auteurs. Elle est également dominante aujourd'hui dans la doctrine et la jurisprudence.

(¹) Pont, *Priv. et Hyp.,* n° 515. — Merlin, *Rép.,* v° *Subrogation de chose.*

(²) *Lois civiles,* liv. III, sect. I, n° 12.

(³) *Vente,* n° 629.

II

Nous avons maintenant à examiner une question qui demandera quelques développements : *Les conquêts de la communauté sont-ils soumis à l'hypothèque légale* [1]?

« Les questions qui se présentent, dit M. Bertauld dans sa
» monographie, sont au nombre des plus graves et des plus
» ardues de notre Droit ; elles mettent en jeu les principes
» fondamentaux du régime de la communauté, et quelques-
» uns des grands principes de notre régime hypothécaire. »

Parmi les nombreux systèmes qui se sont fait jour, nous en rencontrons d'abord deux, qui, en sens diamétralement opposé, ont un même caractère radical et absolu.

Le premier, rejetant toute distinction, veut que les conquêts soient affranchis de l'hypothèque légale dans tous les cas, soit que la femme renonce, soit qu'elle accepte, que les biens se trouvent *libres* dans la communauté ou qu'ils aient été vendus ou hypothéqués par le mari. Cette idée est professée par Marcadé (art. 1472, 3°), et paraît partagée par MM. Rodière et Pont (*Tr. du contr. de mar.*, t. I, n°ˢ 834 et 888.) Elle est fondée sur ce que « l'art. 2121 ne donnant
» hypothèque à la femme *que sur les immeubles du mari*,
» il est bien impossible de reconnaître l'existence de cette
» hypothèque sur des biens qui, par l'effet du partage, peu-
» vent devenir, au contraire, biens de la femme. » Ce sys-
tème est généralement repoussé, et M. Pont lui-même dans son *Traité des hypothèques*, n° 521, en le réfutant, se défend

---

[1] Il faut excepter de toute la discussion qui va suivre, la femme *qui est intervenue au contrat;* il est clair qu'étant tenue, dans ce cas, même sur ses propres, elle ne pourra opposer son hypothèque légale sur les conquêts, parce qu'elle serait aussitôt repoussée par l'exception de garantie.

de l'avoir jamais adopté. On ne voit pas, en effet, la raison de la prétendue impossibilité invoquée par Marcadé : si la femme répudie la communauté, les conquêts en totalité deviendront, — ou plutôt *seront censés avoir toujours été la propriété exclusive du mari.* Par quel motif seraient-ils affranchis de l'hypothèque légale? Accepte-t-elle? « Il n'est pas » douteux non plus, dit M. Valette, que son hypothèque » frappe les immeubles qui, par l'effet du partage, seront » tombés au lot du mari ou de ses héritiers. »

Le second système, au contraire, maintient dans tous les cas l'hypothèque légale sur les conquêts, ou, pour mieux dire, il accorde à la femme *un privilège universel sur tous les meubles et sur tous les immeubles de la communauté.* Il est une conséquence logique et nécessaire de la doctrine que la Cour de cassation avait longtemps fait prévaloir et qu'elle a récemment abandonnée, sur *la nature des reprises.* Si l'on admet le principe que la femme exerce ses reprises *à titre de propriétaire,* nous croyons que l'on ne peut, sans une inconséquence manifeste, lui refuser un droit de préférence sur *tous les créanciers,* tant chirographaires qu'hypothécaires : inconséquence dans laquelle nous paraît être tombé, avec la jurisprudence, M. Troplong, et que ne peuvent cacher le charme et l'entraînement habituels de son style.

« Le droit de préférence de la femme, dit-il, *Contr. de » mar.,* n° 1621), n'est pas, à proprement parler, un privi- » lége : c'est un droit de prélèvement, de délibation, de dis- » traction; la femme *revendique* des valeurs qui n'étaient » tombées dans la communauté que provisoirement et à titre » de dépôt; elle *les reprend moins à titre de créance qu'à » titre de propriété,* et si elle ne les reprend pas *in specie,* » elle les reprend *en équivalent.* » — Partant de cette idée, le savant jurisconsulte accorde à la femme *un droit de préférence sur les valeurs mobilières* de la communauté; mais

reculant lui-même devant les conséquences extrêmes de sa
doctrine, il refuse pareil avantage sur les immeubles.....
Et pourtant, s'il est vrai de dire qu'une partie du patrimoine
de la communauté n'est que *la représentation* des droits de
la femme, qu'un *dépôt,* suivant l'expression de M. Troplong,
ne faut-il pas en conclure que ce dépôt devra avant tout lui
être restitué? Si elle est *propriétaire* de cette partie de l'actif, comment aurait-elle à craindre quelque chose du concours des *créanciers?* Il faut qu'elle prélève avant tout ce
qui lui appartient, et si les meubles ne sont pas suffisants,
elle prendra des conquêts. La rigueur des principes veut
qu'on aille jusque-là.

MM. Dalloz ont, les premiers, formulé cette théorie aux
n°ˢ 2308 et suivants du t. XIII de leur nouvelle édition du
Répertoire. « Ils adoptent la théorie de M. Troplong, dit
» M. Bertauld, et ils lui donnent une portée que son émi-
» nent auteur est bien loin d'accepter; ils professent que les
» prélévements exercés par la femme dans les termes des
» art. 1470 et 1471, ne sont que l'exercice d'un droit de co-
» propriété préexistant, et que l'effet rétroactif de ce droit
» de propriété est d'effacer les hypothèques que le mari a
» consenties, comme administrateur de la communauté, sur
» les conquêts et même les aliénations de ces conquêts, en
» tant que les hypothèques et les aliénations sont postérieu-
» res aux causes de reprises. » — A l'objection de M. Troplong,
que le mari, maître et seigneur de la communauté, peut valablement disposer des immeubles, et que la femme, en ac-
ceptant, ratifie tous ses actes, on peut faire cette réponse,
qu'en tant que les conquêts sont la représentation des droits
de la femme, ils ne sont véritablement pas des *biens communs;* que, s'il est vrai que la femme, par son acceptation, soit tenue selon la maxime *quem de evictione,* elle
ne peut l'être que jusqu'à concurrence de son émolument

(art. 1483), et l'émolument ne peut être entendu que « de ce que la femme amende de la communauté, distraction faite de ses reprises, distraction faite de ses prélèvements. » (M. Troplong, n° 1637.) — C'est combattre l'éminent magistrat avec ses propres armes. — Voyons du reste comment MM. Dalloz répondent eux-mêmes aux objections que leurs déductions soulèvent : « Ces objections sont graves, sans
» doute; mais on peut répondre que la femme qui a versé
» dans la communauté le prix d'un de ses propres, a aug-
» menté d'autant son droit indivis dans les biens communs;
» que, *par une sorte de transformation de sa chose*, elle a
» acquis un *supplément de co-propriété* qui ne peut pas plus
» être hypothéqué ou aliéné par le mari sans le consentement
» de la femme, que n'eût pu l'être *son propre même* (¹). »

Sans doute, comme le remarque M. Bertauld, le privilége dont on dote la femme acceptante, ainsi appliqué, est bien plus menaçant, bien plus dangereux pour les tiers que le droit d'hypothèque légale. Sans doute encore, la conséquence extrême que MM. Dalloz font produire à la rétroactivité du droit de propriété remontant avant la dissolution de la communauté, n'est pas de nature à recommander leur principe. Mais, est-on libre, quand on accepte un principe, de choisir entre ses conséquences, d'admettre les unes et de rejeter les autres? Il faut dire toutefois que c'est précisément ce qu'avait fait la jurisprudence : elle avait constamment résisté à cette application de son système sur la *nature des reprises*, et

(¹) Il faut voir avec quelle verve M. Dupin, dans son remarquable réquisitoire, juge ce système de transformation : « C'est une véritable transfusion des substances les plus hétérogènes, une vraie métempsycose plus absurde que l'ancienne migration des âmes; car on conçoit encore que plusieurs corps soient agités successivement par une même âme; mais la matière se succédant à elle-même, et se transformant ainsi d'elle même, cela passe l'imagination » — V. aussi le réq. de M. Rouland, dans la même cause, à la Cour de Paris.

l'on disait devant la Cour de Cassation, lors du fameux et récent arrêt du 10 janvier 1858, que « la femme, quant aux » biens communs, les prend dans l'état où ils se trouvent au » moment où la communauté vient à se dissoudre. *Elle doit* » *donc respecter les aliénations antérieures, ainsi que les* » *constitutions d'hypothèques et d'autres droits réels, faites* » *avant la dissolution de la communauté.* »

Nous le répétons, le système de MM. Dalloz nous paraît une déduction nécessaire, logique, — et c'est là son mérite, — du principe que la femme exerce ses reprises *à titre de propriétaire.* Nous n'avons pas la prétention d'aborder la grande question des *reprises;* nous dirons seulement que nous nous rangeons sans hésiter à la nouvelle jurisprudence de la Cour de Cassation. Nous croyons que le système des reprises à titre de propriétaire, après avoir été longtemps en butte aux attaques des jurisconsultes et des praticiens, vient de succomber pour toujours sous les coups que lui ont portés MM. Rouland et Dupin, et l'arrêt solennel de la Cour de Cassation du 10 janvier 1858. — C'est la condamnation du système que nous venons d'exposer.

Nous arrivons à un troisième système, qui se fonde sur les principes consacrés par la nouvelle jurisprudence de la Cour de Cassation, et en est aussi le développement et la conséquence logique. — Et d'abord, on ne peut trouver aucune bonne raison pour justifier un privilége sur les meubles : « *La loi le dénie, par cela seul qu'elle n'en parle* « *pas.* » « Pour primer ses co-créanciers, dit M. Bertauld, » p. 107, il faudrait que la femme fût investie par la loi d'un » véritable privilége qui ne pourrait résulter que d'un texte; » on s'accorde à reconnaître qu'il n'est écrit nulle part. » — « Où sont les textes, dirai-je à mon tour (¹)? Le privilége

---

(¹) M. Dupin, *Réq. cit.*

» qu'on réclame pour les reprises de la femme, et qui prime-
» rait tous les autres créanciers, est donc un *privilége fan-*
» *tastique* qui n'a d'existence que dans l'imagination de ceux
» qui ont prétendu, dans ces derniers temps seulement, le
» lui faire attribuer, en jetant la perturbation dans toutes
» les transactions. » Incontestablement donc, la femme n'a
qu'un droit de concurrence : *elle viendra par contribution*
sur l'actif mobilier, avec tous les autres créanciers chiro-
graphaires; « c'est un naufragé du même navire. » (M. Dupin.)

Les mêmes principes nous donneront la solution dans le
cas de concours de la femme avec des créanciers hypothécaires. — A quel titre lui refuser l'exercice de son droit
d'hypothèque légale? « *Il ne faut pas que la femme soit de*
» *pire condition que les autres créanciers* [1]. » Renonce-
t-elle? les biens communs deviennent la propriété exclusive
du mari; ils sont censés lui avoir toujours appartenu; la
communauté disparait rétroactivement. La femme viendra
sur ces biens, en concours avec les autres créanciers hypothécaires, à son rang. Accepte-t-elle? *logiquement* la solution doit être la même. Ce qu'elle accepte, c'est la communauté telle qu'elle se comporte. Or, les conquêts sont affectés à des créanciers hypothécaires et à l'hypothèque légale
de la femme. Le droit de celle-ci est identique à celui des
premiers; c'est toujours la règle : *la femme est créancière,*
elle doit donc venir en concours avec les autres créanciers.
A ce point de vue, il est inutile de distinguer les biens que
le partage met dans le lot du mari, et ceux qu'il attribue à
la femme; l'hypothèque les frappe indistinctement. Cela ne
peut pas faire difficulté pour les premiers, puisque l'effet du
partage est d'en faire présumer le mari propriétaire *ab initio*

[1] Racquet, *De de Justice,* chap. XV, n° 42.

(art. 883, 1470, 1471 et 1476; arrêt de Cass., 1er août 1848); mais une observation analogue peut faire hésiter à l'égard des seconds. N'objectera-t-on pas la maxime : *Personne ne peut avoir hypothèque sur sa propre chose?* — Il faut pourtant décider que la part de la femme dans les immeubles sociaux ne sera pas affranchie de l'hypothèque légale. Il est certain, en effet, et l'arrêt du 1er août 1848 le constate, que la rétroactivité n'efface pas les hypothèques que le mari a consenties ou laissé prendre comme administrateur de la communauté. Pourquoi effacerait-elle l'hypothèque légale (1)? — Cette solution peut avoir son utilité dans le cas de subrogation à l'hypothèque de la femme. L'arrêt cité avait déclaré que le droit du subrogé s'évanouissait sur les conquêts attribués à la femme. L'observation que nous venons de faire ne permet pas d'admettre cette décision. D'ailleurs, comme le dit avec raison M. Bertauld, est-ce donc que le cessionnaire d'une créance hypothécaire perd son droit quand le cédant devient propriétaire de l'immeuble hypothéqué?

Les mêmes raisons de décider s'appliquent évidemment au droit de suite de la femme contre les tiers-acquéreurs de conquêts aliénés par le mari.

Ce système est, comme on le voit, l'application et le développement de cette règle qui résume l'ancienne jurisprudence rappelée dans le réquisitoire de M. Dupin, que *la femme n'a aucun privilège pour sa dot mobilière et ses autres créances; elle est mise dans la classe des autres créanciers, pour être payée par contribution avec eux sur le montant du mobilier, et par ordre d'hypothèque sur le prix des immeubles.* — Il est professé par MM. Gauthier (*Subrog. des pers.*, nos 500 et suiv.), Bertauld (*sur la Quest.*), Zachariæ (t. II, p. 127), Pont (*Priv. et Hyp.*, nos 525 et suiv.).

---

(1) Bertauld, no 45.

— Quelque logique qu'il paraisse, il vient se heurter contre une objection tellement puissante, que nous n'hésitons pas à le rejeter.

Cette objection est fondée sur le *mandat tacite* donné par la femme au mari administrateur, on disait autrefois *seigneur et maître* de la communauté. Voici comment Pothier expose ce principe important (*Tr. de la Com.*, n° 248) : « Le » mari étant, pendant que le mariage et la communauté » durent, seul maître de cette communauté, ayant le droit » d'en disposer à son gré, *tant pour sa part que pour celle* » *de sa femme*, sans son consentement, même de les perdre » et de les dissiper, c'est une conséquence que la commu- » nauté est tenue de toutes les dettes qu'il contracte pendant » que durent le mariage et la communauté... *La femme* » *lorsque son mari contracte, est censée, non en son propre* » *nom, mais en sa qualité de commune, contracter et s'obli-* » *ger avec lui* pour sa part en la communauté, même sans » qu'elle en ait rien su et sans qu'elle puisse s'y opposer. » — Les principes de l'ancienne jurisprudence, résumés dans les art. 225 et 226 de la Coutume de Paris, sont identique- ment ceux qu'a consacrés le Code dans les art. 1421, 1422 et 1428... Ces idées sont admirablement développées par M. Troplong (*Contrat de Mar.*, n°⁵ 1046 et suiv.), et par M. Dupin, dans son réquisitoire.

Il ne faut pas croire cependant que la législation ait laissé la femme sans protection et sans défense. Outre la séparation de biens, moyen suprême qu'elle peut employer durant le mariage, lorsque sa dot est mise en péril, à la dissolution de la communauté elle a le droit d'y renon- cer. C'est là le bouclier qui la rend invulnérable, la pro- tection qui vient apporter un légitime contre-poids à la toute-puissance du mari. Sans doute, en renonçant, la femme fait le sacrifice de l'actif de la communauté, mais elle reste étrangère au passif, libre de toutes les obligations qu'a pu contracter le mari. *Pour elle, la communauté est censée n'avoir jamais existé.*

C'est sur cette distinction que se fonde la solution généralement adoptée aujourd'hui par la jurisprudence et la doctrine.

La femme *renonçante,* comme nous l'avons indiqué déjà, a une hypothèque légale sur les conquêts, même aliénés, car ils se confondent définitivement avec le patrimoine du mari, et sont réputés avoir toujours été sa propriété exclusive. — Cette décision ne faisait aucune difficulté dans l'ancien droit [1]; elle n'en fait pas davantage aujourd'hui [2], bien qu'elle ait rencontré pour contradicteurs MM. Delvincourt (t. III, note 6, p. 105), Persil (sur l'art. 2121, n° 10). MM. Rodière et Pont s'étaient d'abord prononcés dans ce sens dans leur *Traité du Contrat de Mariage,* n° 888; M. Pont a réfuté lui-même son premier sentiment dans son récent *Traité des Hypothèques,* n° 524.

Mais si la femme *accepte* la communauté, il est vrai de dire, avec la jurisprudence et la majorité des auteurs, qu'elle ratifie tous les actes de son mari administrateur : *ratihabitio mandato æquiparatur.* Et c'est la raison qui ne nous permet pas de maintenir à la femme *acceptante* son hypothèque légale sur les conquêts contre les tiers-acquéreurs et les créanciers hypothécaires de la communauté. « Quand le mari aliène ou hypothèque, dit M. Troplong, *il » fait ces actes tant pour lui que pour sa femme; il repré-*

---

[1] Rousseau de Lacombe, v° *Hyp.*, sect. 3, n° 5. — Bourjon, *Com.*, n° 136. — Renisson, *Com.*, 2e part., chap. III, n°s 42 et suiv., etc.

[2] Grenier, t. I, n° 248. — Troplong, *Hyp.*, n° 433 ter, et *Contr. de mar.*, n°s 1646, etc. — Tessier, *Dot*, t. II, p. 311. — Bertauld, *Monog.*, etc. — Nombreux arrêts. — « Il y aurait de la témérité, dit M. Dalloz, à soutenir devant les tribunaux l'opinion contraire. »

» sente sa femme, qui est partie dans la communauté, et
» l'acceptation de la femme est une approbation donnée à
» la vente ou à l'hypothèque; la femme s'approprie l'acte de
» disposition du mari. Qu'elle renonce si elle veut; mais dès
» l'instant qu'elle accepte, tout devient commun et inébran-
» lable [1]. »

Cette argumentation est pressante assurément; aussi
MM. Gauthier, Pont et Bertauld *(loc. cit.)*, font-ils tous leurs
efforts pour démontrer qu'elle porte à faux : « Nous ne pré-
» tendons pas, dit M. Bertauld, et personne, que nous sa-
» chions, n'a prétendu que l'hypothèque consentie par le
» mari sur les conquêts soit à la discrétion de la femme.....
» Ce que nous soutenons, c'est que si la femme a une hypo-
» thèque légale antérieure à l'hypothèque du créancier, elle
» ne l'abdique pas sur les conquêts par le fait de son accep-
» tation. La femme et le tiers conservent chacun son rang »
(n° 24). — Ne serait-ce point au contraire cette réfutation,
adoptée par M. Pont, qui ne serait pas concluante? Ne serait-ce point s'abuser sur la valeur des mots? Vous admet-
tez que la femme *doit respecter* les actes consentis par son
mari, et vous voulez qu'elle puisse *les rendre inutiles* par
l'exercice de son hypothèque légale. N'est-ce point là une
inconséquence? — Nous croyons être profondément dans le
vrai en regardant l'acceptation de la femme comme une *véritable ratification*, comme une intervention rétroactive au
contrat.

On invoque de part et d'autre, avec une égale confiance,
l'autorité de Pothier, dont on cite des passages (²) qui peuvent sembler jusqu'à un certain point contradictoires : nous

---

(¹) Sic. M. Odier, *Tr. du Contr. de mar.*, n° 509. — M. Mourlon,
Cod. Nap., t. III, p. 466.

(²) Comm., n° 747, 752, 756, 757 : l'art. 188 de la cout. d'Orléans.

ne croyons pas qu'ils puissent servir à décider la question, puisqu'on n'est pas plus d'accord sur l'interprétation qu'il faut leur donner que sur les difficultés qu'on propose. Je rapporterai seulement les lignes suivantes, qui fournissent à nos adversaires un de leurs arguments : « Le demandeur » doit faire raison à la femme, non-seulement de ce qu'elle » a payé à des tiers dont l'hypothèque était antérieure à celle » du demandeur; *il doit pareillement lui faire raison de* » *ce qu'elle s'est payé à elle-même, pour ses créances contre* » *la communauté, pour lesquelles elle a une hypothèque du* » *jour de son contrat de mariage, antérieure à celle du de-* » *mandeur* » (¹). Voici comment M. Dupin répond, avec sa verve accoutumée, à l'objection que l'on tire de ce passage : « Si la femme doit garder ce qu'elle a reçu comme créan- » cière, c'est en vertu de la règle de droit commun *meum* » *recepi*, je n'ai reçu que ce qui m'était dû; *jura vigilanti-* » *bus prosunt*. Je dis que c'est le droit commun; et, en » effet, Pothier l'invoque ici pour la femme, le Code l'ap- » plique également contre elle par l'art. 1488, lequel dit » que *la femme qui a payé une dette de la communauté* » *au delà de sa moitié, n'a point de répétition contre le* » *créancier pour l'excédant.* Pourquoi cela? Parce que lui » aussi, *suum recepit, sibi vigilavit.* » — Les art. 808 et 809, Cod. Nap. présentent des applications de la même règle, qui s'observe aussi dans les faillites et dans les ordres.

Enfin, on puise un dernier argument dans l'art. 1483, et l'on nous dit : Vous exagérez l'obligation de la femme résultant de son acceptation de la communauté : la loi est formelle, *la femme n'est tenue que jusqu'à concurrence de son émolument;* or, le remboursement de sa créance ne consti-

---

(¹) *Comm.* part. V, art. 4, § 2, n° 757.

tue pas cet émolument, *qui ne peut être que le bénéfice tiré de la communauté* (¹).

On pourrait, pour répondre à cet argument, se borner à faire remarquer qu'il nous rejette forcément dans le système du *privilége universel* que nos adversaires repoussent comme nous. C'est en effet précisément par ce motif, que M. Troplong accorde à la femme un droit de préférence sur les créanciers chirographaires. Nous sommes heureux de pouvoir invoquer à l'appui de notre sentiment l'autorité de M. Rouland : « Remarquons bien, dit-il, qu'il faut faire ab- » solument sortir du principe *pro modo emolumenti*, la créa- » tion exorbitante, inouïe, du droit de propriété de la femme » sur les valeurs qu'elle réclame comme créancière. » — Mais on peut y faire une réponse péremptoire, présentée avec force par M. Dupin, et tirée de la comparaison de la position de la femme avec celle de l'héritier bénéficiaire. Le seul effet juridique et raisonnable du bénéfice de l'art. 1483, conclut le savant procureur général, est celui-ci : *La femme débitrice ne sera pas tenue sur ses biens personnels.* On ne peut, dit M. Rouland, étendre ce bénéfice à la *femme créancière* que par une *confusion évidente.*

Si nous devons, après ces développements nécessaires, formuler notre opinion, nous croyons, adoptant le système qui domine aujourd'hui dans la jurisprudence, que la femme *doit venir toujours par contribution sur l'actif mobilier; et dans le cas seulement où elle renonce à la communauté, suivant le rang de son hypothèque légale sur les conquêts.*

Peut-être serait-ce dans un système mieux défini de *liquidation de la communauté*, qu'il faudrait chercher la solution législative des difficultés fort graves, il faut le reconnaître, que soulève toute cette matière? Il faudrait, en effet, adop-

---

.¹) Pont, *Hyp.*, n° 526.

ter l'un des trois modes de liquidation suivants : — 1° ou
bien la femme *exercerait avant tout ses reprises et prélèvements,* et ce qui resterait, après cette opération préliminaire,
formerait *seul l'actif* de la communauté, le gage commun de
ses créanciers; ce qui reviendrait à reconnaître la femme
propriétaire de ses reprises, et à lui donner un privilége universel sur tous les meubles et immeubles de la communauté;
— 2° ou bien, en admettant et en poussant jusqu'à ses conséquences logiques, l'idée que *l'acceptation est une ratification qui oblige la femme comme le mari lui-même,* décider
que tous les créanciers seront payés d'abord sur l'actif de la
communauté, et que la femme n'exercera ses reprises que
lorsqu'ils seront tous désintéressés. Dans ce système, qui con-
serverait toujours à la femme *ses biens restés propres,* elle
aurait dans tous les cas la ressource de renoncer; il nous
rapprocherait de cette *association absolue* que M. Rouland
nous signale à l'origine de la communauté, où « la femme
partageait d'avance et entièrement toutes les chances de la
vie du ménage personnifiée dans l'administration du mari. »
Lui reprocherait-on de préférer les intérêts des tiers à ceux
de la femme? Mais cela ne serait-il pas conforme à la vérité
des choses et à la justice? N'est-ce pas cette idée qui inspi-
rait au tribun Duveyrier les paroles suivantes rapportées par
M. Dupin : « La nature des biens qui composent la commu-
» nauté et le mode de son administration....., donnent nais-
» sance à des droits différents : droits respectifs des époux
» qui ne peuvent être sacrifiés l'un à l'autre, *droits plus res-
» pectables des tiers que la loi devait plus soigneusement
» garantir contre les intérêts communs ou personnels des
» deux époux.* » — 3° Enfin, admettre purement et simplement la femme en concurrence avec tous les créanciers chirographaires ou hypothécaires, en lui donnant le rang de son
hypothèque légale, opinion logique sans doute, mais qui a

le tort de no pas tenir compte du fait capital de l'acceptation, et de mettre sur la même ligne la femme acceptante et la femme renonçante.

La combinaison, autorisée par l'art. 1581, du régime dotal avec la société d'acquêts, vient apporter quelques difficultés nouvelles dans la solution des questions que nous avons examinées seulement dans le régime de la communauté. Nous croyons toutefois que les raisons de décider sont les mêmes, et que, par exemple, la femme dotale, qui accepte la société d'acquêts, ne peut exercer son hypothèque légale sur les acquêts aliénés ou hypothéqués par le mari. — Cette solution a trouvé dans M. Troplong (*Contr. de mar.*, n° 1913) un savant défenseur. Rejetée par un arrêt de la Cour de cassation du 28 juin 1847, elle est adoptée par plusieurs Cours impériales, et notamment par la Cour de Bordeaux (arrêt du 3 décembre 1858); elle est conforme à l'ancienne jurisprudence du Parlement de Bordeaux, rapportée dans le *Traité de la Société d'acquêts* de M. Tessier, n°ˢ 179, 226 et notes.

SECTION II (Art. 2140 et suiv.)

I

Les législateurs de 1804 cherchèrent à ramener les hypothèques légales, dans une certaine mesure, au droit commun de la spécialité, lorsqu'ils crurent pouvoir le faire sans danger pour les intérêts qu'on voulait protéger. Les art. 2140 et suivants réalisent la seconde partie du programme que traçait le premier Consul au Conseil d'État : « Il semble, di- » sait-il, qu'on parviendrait à tout concilier si on décidait » que les hypothèques légales frapperont de plein droit les » immeubles du mari...; *que cependant il est permis au*

» mari de les restreindre à une partie suffisante de ses biens,
» si sa femme y consent. »

On voulait aller plus loin, et on demandait, au Conseil d'État, qu'il fût permis à la femme de *renoncer absolument à son hypothèque*. La rédaction primitive du projet l'exprimait formellement : « Lorsque, dans le contrat de mariage,
» les parties seront convenues *qu'il ne sera pris aucune ins-*
» *cription* sur les immeubles du mari, ou qu'il n'en sera pris
» que sur un ou certains immeubles, *tous les immeubles du*
» *mari*, ou ceux qui ne seraient pas indiqués pour l'inscrip-
» tion, resteront libres et affranchis de l'hypothèque pour la
» dot de la femme et pour ses reprises. »

On disait à l'appui de cette opinion qu'au moment où sont arrêtées les conventions matrimoniales, la femme, entourée de ses conseils, n'a rien à redouter de l'influence du mari; que les parties jouissent à ce moment de la liberté la plus illimitée de stipuler ce qu'il leur plaît; — elles peuvent se donner tous leurs biens; comment donc leur refuser le droit beaucoup moins considérable de convenir que les biens du mari ne seront pas chargés des hypothèques de la femme?

Mais ces arguments spécieux venaient échouer devant la haute raison du premier Consul. « On s'est appuyé, disait-il,
» sur le principe que *qui peut plus peut moins*. Ce principe
» est incontestable lorsqu'il s'agit de choses du même ordre;
» mais il ne peut être appliqué lorsqu'il s'agit de choses d'un
» ordre différent : alors *il faut examiner si celui qui peut*
» *faire une chose, peut aussi en faire une autre...* Il est
» difficile de concevoir comment une femme qui manifeste
» l'intention de retenir la propriété de ses biens, pourrait ce-
» pendant, dans un excès de confiance, se dépouiller de
» toute sûreté, et renoncer à des hypothèques que la loi lui
» donne sans son fait, parce que la loi a jugé qu'elles lui
» sont nécessaires... Au surplus, cette disposition anéanti-

» rait en entier les hypothèques légales. La renonciation de-
» viendrait une clause de style, et la femme qui l'aurait
» souscrite sans en comprendre l'effet, serait dans la suite
» fort étonnée de se trouver, contre son intention, privée de
» toute sûreté. »

Ces observations et celles de MM. Bigot, Tronchet, etc.,
firent adopter la rédaction proposée par le consul Cambacérès : « Lorsque, dans le contrat de mariage, *les parties ma-*
jeures seront convenues qu'il ne sera pris d'inscription que
sur un ou certains immeubles du mari..., etc. » — Enfin,
sur la proposition de M. Tronchet et les observations de
M. Berlier, on inséra une prohibition formelle de toute stipulation tendant à opérer une renonciation générale.

Notre art. 2140 est conforme à la tradition du droit romain et de l'ancienne jurisprudence. — Dans le droit romain,
à l'époque où l'hypothèque devait être stipulée, il est indubi-
table que la femme avait le droit d'y renoncer ; c'est ce qui
résulte notamment des *lois 11 et 21, au Code ad S. C. Vel-*
leian. La loi 11 est ainsi conçue : « *Etiam constante ma-*
trimonio jus hypothecarum seu pignorum, marito remitti
posse, explorati juris est. » La loi 21, sur laquelle nous aurons occasion de revenir en traitant des subrogations, pros-
crit la renonciation *générale.* — Aucun texte ne consacre la
même faculté à l'égard de l'hypothèque tacite; mais les glos-
sateurs et les interprètes n'hésitèrent pas à lui faire l'application des textes que nous venons de citer (¹).

Toutefois, ceci ne doit être entendu qu'avec certaines restrictions. Il fallait que le principe de l'inaliénabilité de la
dot fût toujours respecté; la femme ne devait, dans aucun
cas, être moins dotée, *indotata vel minus dotata;* elle ne
pouvait valablement renoncer à son hypothèque qu'autant

(¹) Cujas, *Rec. sol. sur la loi unic.*, C. *De rei uxor.*, § *Ut plenius.* —
Pothier, *Pandect.*, t. I, p. 441, n° 19. — Troplong, n° 635 bis.

que les biens de son mari restaient suffisants pour répondre de la dot et des conventions matrimoniales (¹).

Dans l'ancien droit français, il était non moins constant que la femme ne pouvait renoncer d'une manière illimitée à son hypothèque légale (²). La *restriction*, ou *renonciation partielle*, n'avait pas dans les coutumes l'organisation que lui a donnée le Code; mais on arrivait au même résultat en stipulant que le mari pourrait librement aliéner ou hypothéquer certains immeubles.

Les dispositions du Code Nap. que nous étudions en ce moment sont très-certainement applicables à la femme dotale ainsi qu'à la femme commune, avec cette réserve capitale toutefois qu'il ne doit pas être porté atteinte à l'inaliénabilité de la dot. — Dans l'usage, on arrive à la restriction de l'hypothèque légale par deux procédés différents : ou bien on désigne certains immeubles comme devant être spécialement affectés aux droits de la femme, et l'on convient que les autres en seront affranchis; ou bien l'on stipule que tels ou tels immeubles seront *dégrevés*, les autres restant affectés à l'hypothèque. — Le premier change la nature de l'hypothèque, et en fait une véritable hypothèque *conventionnelle et spéciale;* le second lui laisse son caractère de *généralité.*

On a élevé la question de savoir si l'hypothèque *spécialisée* pouvait être transférée à d'autres immeubles. Après quelques hésitations, la jurisprudence s'est prononcée pour la négative, par arrêt de la Cour de cassation du 5 mai 1852, et un arrêt conforme de Lyon du 26 janvier 1854. Ces arrêts ont décidé, avec raison, croyons-nous, que la convention de transfert seule devait être répu-

(¹) L. 17, D. *De pact. dotal.* — Bartole, *sur la l. 21 Jubemus.* — Favre, *ad S. C. Velleian,* lib. IV, t. XX, def. 2.

(²) Tronchet, *Confér.,* t. VII, p. 195. — Troplong, *loc. cit.*

tée non écrite, et que la restriction devait être maintenue [1].

Aux termes de notre article, c'est *dans le contrat de mariage* que la restriction doit être consentie. Il faut aussi que *les parties soient majeures*. Quelque générales que soient ces expressions, nous pensons qu'on doit en restreindre l'application à la femme. On ne voit pas de bonnes raisons pour exiger que le mari soit majeur; le mineur est toujours habile pour rendre sa condition meilleure. — La première rédaction de l'article ne portait pas cette condition. Nous savons que la proposition du consul Cambacérès vint profondément modifier le projet : ce fut dans cette seconde rédaction que furent introduits les mots *parties majeures;* il est certain que cette addition fut intentionnelle. On peut le regretter : les art. 1309 et 1398 déclarent les mineurs aptes à faire toutes les conventions matrimoniales, pourvu qu'ils soient assistés de ceux dont le consentement est nécessaire au mariage : on ne voit pas que l'exception de notre article à la règle *habilis ad nuptias, habilis ad pacta nuptialia* soit bien justifiée. Quoi qu'il en soit, la loi est formelle, et on ne peut approuver la Cour de Paris, qui, par arrêt du 10 août 1826 [2], avait jugé que notre article s'appliquait aux *parties mineures* comme aux parties majeures. C'était, dit M. Troplong, corriger la loi au lieu de l'exécuter.

Cette limitation peut empêcher dans nombre de cas un retour au droit commun, qui n'aurait aucun danger pour la femme, et qui délivrerait le crédit du mari des entraves que lui impose l'hypothèque générale. L'art. 2144 vient y remédier en partie, en permettant la réduction *pendant le mariage* :

« *Pourra le mari..., du consentement de sa femme et après avoir pris l'avis des quatre plus proches parents d'icelle, réunis en assemblée de famille, demander que l'hypo-*

[1] C. Pont, *Priv. et Hyp.*, n° 548.
[2] Dalloz, *Hyp.*, p. 438.

7

*thèque générale sur tous les immeubles, pour raison de la
dot, des reprises et des conventions matrimoniales, soit res-
treinte aux immeubles suffisants pour la conservation entière des droits des femmes. »*

La plupart des observations présentées sous l'article pré-
cédent sont applicables à l'art. 2144. Bien que la prohibition
de renoncer absolument ne soit pas reproduite, elle doit s'é-
tendre *à fortiori* au cas où c'est pendant le mariage que le
mari veut l'obtenir; car la femme est à ce moment sous la
dépendance de son mari, et la loi lui doit une protection
plus efficace encore. — La même observation s'applique à
la condition de *majorité*, qui ne se retrouve pas non plus
dans l'art. 2144. Les raisons de décider sont en effet les
mêmes. Nous n'admettons pas sur ce point l'opinion de
M. Persil (art. 2144, n° 4), et nous ne croyons pas qu'elle
soit partagée par M. Troplong (n° 637 *bis, in fine*) (¹). M.
Troplong se borne à dire, en effet, que l'art. 2144 donne le
moyen de remédier en partie à l'art. 2140, ce qui peut et
doit même s'entendre en ce sens que, dans le cours du mariage, *la femme étant devenue majeure*, le mari pourra obtenir la réduction de l'hypothèque.

Trois conditions sont exigées :

1° *Le consentement de la femme.* — Les termes de notre
article : « *du consentement de la femme,* » semblent clairement proscrire l'opinion de ceux qui veulent que le mari,
présentant des garanties suffisantes, puisse, pendant le mariage, *contraindre sa femme, qui refuse*, à consentir une
réduction de son hypothèque légale. La Cour de Paris, par
arrêts des 16 juin 1813 et 25 avril 1823; la Cour de Nancy,
par arrêt du 26 août 1825, l'ont cependant décidé, et cette
doctrine a été défendue par quelques auteurs. — L'opinion

¹) Pont, n° 558.

contraire, professée notamment par MM. Troplong (n° 641)
et Pont (n° 559), nous paraît seule conforme au texte
et à l'esprit de la loi. La règle que l'on veut lire dans
l'art. 2161, n'est relative qu'aux hypothèques générales autres que celles des femmes, des mineurs et des interdits,
lesquelles ont, en ce qui concerne la réduction, leurs règles
spéciales dans les art. 2141 et suivants. La femme a droit à
une hypothèque légale sur *tous les biens* de son mari ; nul
ne peut être forcé de renoncer à son droit, à moins de dispositions formelles de la loi. — Dans l'esprit du législateur,
le consentement de la femme est évidemment nécessaire ;
ces paroles du premier Consul : « *si la femme y consent,* »
ne permettent pas d'en douter. — Elle doit être, en effet,
le premier juge de ses intérêts, et son véto, suivant l'expression de M. Troplong, est un obstacle infranchissable.

Il ne faut pas croire que lorsque la femme donne son
consentement à la réduction, les tribunaux doivent nécessairement la prononcer. La loi a craint que ce consentement
ne lui soit arraché par des caresses trompeuses, *maritalibus
delinimentis ;* elle a cherché dans la libre appréciation de la
justice une protection contre ses propres faiblesses.

2° *L'avis des quatre plus proches parents.* — L'avis des
parents réunis en conseil de famille n'a pas la même importance que le consentement de la femme. Le but de la loi est
de donner à celle-ci les moyens de s'éclairer sur ses véritables
intérêts ; mais l'avis des parents ne serait-il pas favorable à
la réduction, rien n'empêche le tribunal de la prononcer, s'il
le juge convenable. M. Tarrible a cependant émis une opinion contraire [1] ; mais nous pensons que c'est ajouter à
la loi.

3° *Un jugement qui prononce la réduction.* — Art. 2145 :

[1] *Rép.,* v° *Inscript.,* § 3, n° 23.

« *Les jugements sur les demandes des maris... ne seront rendus qu'après avoir entendu le procureur impérial, et contradictoirement avec lui.* »

Ce n'est ici qu'une application de la mission générale confiée au ministère public de protéger les incapables. La disposition de notre article le constitue *partie* contre le mari ; il représente la femme, veille à ses intérêts, qui sont en même temps ceux de la famille et de la société. C'est une véritable mission d'ordre public. La demande a-t-elle été régulièrement formée, le consentement de la femme donné d'une manière non équivoque ? Les biens qui restent affectés à l'hypothèque légale sont-ils une garantie suffisante ? L'attention du ministère public doit se porter sur tous ces points. Il doit également surveiller la composition du conseil de famille, et ici se présente une difficulté dont je dois dire quelques mots. On se rappelle les termes de l'art. 2144 : « *Après avoir pris l'avis des quatre plus proches parents réunis en assemblée de famille.* » Cette disposition doit-elle être combinée avec celle de l'art. 409, lequel, dans le cas où il ne se trouve pas sur les lieux un nombre suffisant de parents les plus proches, permet d'appeler des parents d'un degré plus éloigné ? La Cour de Grenoble, par arrêt du 18 janvier 1833, a décidé que la disposition générale des art. 407 et 409 devait régir notre espèce, et cette solution pourrait certainement être appuyée sur de bonnes raisons. Toutefois, il ne nous paraît pas possible d'hésiter à la rejeter en présence de la discussion au Conseil d'État (1). C'est aussi le sentiment de MM. Troplong (n° 644) et Pont (n° 561).

On ne peut douter que la voie de l'appel ne soit ouverte au ministère public ; il est *partie* au même titre que le mari, puisqu'il représente la femme. Il est étrange que la Cour de

_____

(1) Fenet, t. XV, p. 378. — Locré, t. XVI, p. 273.

Grenoble ait pu décider autrement dans l'arrêt ci-dessus rappelé; mais elle a réformé sa jurisprudence et s'est ralliée à celle de la Cour suprême (¹).

Si l'on ne peut refuser au procureur impérial le droit d'interjeter appel du jugement ordonnant la restriction, il n'est pas possible de reconnaitre la même faculté à la femme; elle a donné son consentement, elle n'est plus partie au procès. — Mais si elle n'avait pas donné son consentement, elle serait certainement recevable à demander, par la voie de la tierce-opposition, le rétablissement de son hypothèque.

Le second alinéa de notre article détermine l'effet du jugement : « *Dans le cas où le tribunal prononcera la réduc-* » *tion de l'hypothèque à certains immeubles, les inscriptions* » *prises sur tous les autres seront rayées.* » Cela suppose que le mari aura, conformément aux art. 2136 et suivants, pris inscription sur tous ses biens pour l'hypothèque légale. — Il est clair qu'à l'égard des biens qui restent grevés, l'hypothèque ne change point de nature et conserve ses prérogatives.

II

Nous venons d'examiner les règles de ce que l'on peut appeler la *restriction volontaire;* mais il est une circonstance où l'hypothèque légale de la femme éprouve une restriction indépendante de sa volonté, je veux parler du cas de *faillite du mari* (art 563 et suiv. du C. de Com., — loi du 28 mai 1838). — Ces dispositions ne sont pas applicables à la femme du failli dans tous les cas : il faut que le mari ait été commerçant au moment du mariage, ou que, n'ayant pas alors d'autre profession déterminée, il soit devenu commerçant dans l'année de la célébration. — Les restrictions por-

---

(¹ Grenoble, 7 avril 1849. — Cass., 3 décembre 1844.

tent à la fois et sur *le gage hypothécaire* et sur *les créances dont l'hypothèque légale assure le recouvrement.* Quant au premier point, les immeubles appartenant au mari au moment de la célébration, et ceux qui lui seront advenus depuis à *titre gratuit,* seront seuls soumis à l'hypothèque légale. La loi exclut les immeubles acquis à *titre onéreux,* parce que, achetés le plus souvent avec les deniers des créanciers, s'ils étaient affectés aux droits de la femme, ils fourniraient au mari un moyen trop facile de frauder les premiers. — A l'égard des créances de la femme, le Code de Com. lui refuse l'hypothèque pour les conventions matrimoniales et avantages portés au contrat de mariage (art. 564). Tous ses autres droits restent garantis, mais à la condition, pour la femme, d'apporter une preuve certaine de la délivrance des deniers qui lui sont échus.

Nous ne croyons pas devoir insister davantage sur une matière qui appartient plus spécialement au droit commercial, et nous allons, dans un dernier chapitre, présenter quelques observations sur les *subrogations* à l'hypothèque légale des femmes mariées, et compléter l'exposition des effets de cette hypothèque *à l'égard des tiers.*

CHAPITRE IV.

DES SUBROGATIONS A L'HYPOTHÈQUE LÉGALE. — EFFETS DE L'HYPO-THÈQUE LÉGALE A L'ÉGARD DES TIERS.

SECTION Ire.

Des subrogations à l'hypothèque légale (Art. 9 de la loi du 23 mars 1855).

I

Il ne faudrait pas d'autre preuve des inconvénients et des dangers de l'hypothèque légale, que les palliatifs divers que l'on s'est efforcé d'y apporter. Nous avons déjà parlé de l'obligation personnelle de la femme, de la publicité que veulent obtenir les art. 2136 et suiv , de l'inscription imposée, après la dissolution du mariage, à la femme elle-même ou à ses héritiers par la loi du 23 mars 1855, des restrictions autorisées par les art. 2144 et suiv.; il nous reste à dire quelques mots d'un remède plus puissant encore, les *cessions* de l'hypothèque légale, *subrogations* ou *renonciations* à cette hypothèque. « Les garanties dont la loi dote les femmes mariées, » dit M. Bertauld, sont souvent devenues sous l'effort des pra-» ticiens, et sous l'inspiration d'un besoin impérieux de sé-» curité pour les transactions, un moyen de protéger les » intérêts qu'elles semblaient menacer. »

Le silence de la loi, aussi bien que les volumineuses dissertations des auteurs, les incertitudes et les contradictions de la jurisprudence, en un mot l'anarchie des opinions, ont fait de cette matière l'une des plus épineuses de notre droit : elle comporterait des développements considérables; elle a été l'objet de thèses de docteurs et de savantes monographies. Nous devons nous borner, écartant les discussions inutiles ou d'un intérêt purement théorique, à chercher les principes, sans prétendre en déduire toutes les conséquences.

Les cessions, subrogations ou renonciations doivent-elles être autorisées? — Quelle est la nature juridique de ces actes? — L'hypothèque légale peut-elle être cédée indépendamment de la créance qu'elle garantit, l'accessoire sans le principal? — Quelle est la signification des différents termes : cessions, subrogations, renonciations? Ont-ils la même portée et la même étendue ?

Ces différentes questions, qui ont donné lieu à des controverses interminables, ont trouvé pour la plupart leur solution dans la loi du 23 mars 1855. Les conventions dont il s'agit sont enfin passées du domaine de la pratique dans celui de la loi : nous les trouvons pour la première fois mention-

nées dans le décret du 28 février 1852, sur les sociétés du crédit foncier; la loi du 23 mars 1855 leur donne définitivement *droit de cité* dans notre Code. — Les expressions dont se sert l'art. 9 tranchent la question de la validité des *cessions d'hypothèques :* « Dans les cas où les femmes peu-
» vent *céder leur hypothèque légale ou y renoncer....* » —
« Les rédacteurs seraient vraiment impardonnables, disent
» MM. Rivière et Huguet (p. 283), de s'être servis d'une lo-
» cution qui, aux yeux de tout le monde, ne peut désigner
» que *la cession de l'hypothèque* (¹). » — De tout temps la pratique a confondu, et le plus souvent, — par un luxe de langage qui lui est habituel, — cumulé ces diverses expressions : *cessions, subrogations, renonciations.* Mais parmi les auteurs, il s'est élevé une grande diversité d'opinions sur ce sujet, et particulièrement sur l'effet des renonciations *in favorem.* « Dieu sait, dit M. Troplong, tout ce qui a été écrit
» là-dessus. — Toutes ces distinctions, toutes ces subtilités
» mettent l'esprit à la torture sans l'éclairer. » — La loi du 23 mars est venue donner à l'opinion dominante de la pratique et de la doctrine une consécration définitive. Si le rapprochement que fait l'art. 9 dans son premier alinéa, entre la cession et la renonciation, pouvait encore laisser quelques doutes, ils disparaîtraient à coup sûr devant les termes si explicites du second alinéa : « Les dates des inscriptions ou
» mentions déterminent l'ordre dans lequel ceux qui ont ob-
» tenu *des cessions ou renonciations* exercent les droits hy-
» pothécaires de la femme. »

Il est évident, du reste, que les parties pourront, en s'expliquant, faire produire à leurs conventions les effets qu'elles voudront. La femme pourra, par exemple, consentir une re-

---

(¹) *Sic.* Troplong, *Transcription,* nᵒˢ 328 et suiv. — Mourlon, *Appendice sur la transcript.,* nᵒ 392. — V. toutefois Benech, *Le Nantissement,* etc.

nonciation pure et simple, qui profitera également à tous les créanciers. Ici, comme partout, les tribunaux devront interpréter l'intention des parties et en assurer l'exécution.

La renonciation peut être *expresse* ou *tacite*. Nous croyons, avec la jurisprudence constante de la Cour de cassation, avec MM. Rivière et Huguet, n° 387, et la généralité des auteurs, qu'il ne faut faire aucune distinction quant aux effets. Cette solution est pourtant contestée par M. Benech (p. 58 et suiv.). — La renonciation tacite a lieu : 1° lorsque la femme consent à la vente de l'objet sur lequel pèse son hypothèque; 2° lorsque la femme consent avec son mari une obligation hypothécaire. — Ces deux cas étaient prévus et réglés par les lois romaines ([1]). Les raisons de décider sont les mêmes : la femme est *garante* de la convention, et si elle voulait exercer son hypothèque légale, elle serait repoussée par l'exception : *Quem de evictione.....* Pour que ce résultat soit produit, il faut que la femme ait concouru à une obligation hypothécaire; il n'en serait pas de même si elle s'était obligée simplement avec son mari. Un arrêt de Limoges du 2 juin 1823, a décidé le contraire; mais M. Troplong dit fort bien (*Priv. et Hyp.* n° 603) qu'une pareille interprétation « est une torture donnée au sens des actes, » la femme n'ayant évidemment entendu contracter qu'une obligation personnelle.

Dans l'état actuel de la législation et de la jurisprudence, il nous paraît incontestable que la cession peut avoir pour objet : 1° ou la *créance hypothécaire elle-même*, — 2° ou l'*hypothèque seulement*, — 3° ou le *simple rang d'antériorité*. — Le bénéficiaire de la cession est en effet, de toute nécessité, dans l'une des trois situations suivantes : il n'est pas créancier du mari; — il a contre lui une simple créance chirographaire; — il a une créance hypothécaire, mais pri-

---

([1]) L. 4, § 1, D. *Quib. mod. pign.*; l. 158, D. *De reg. jur.*; l. 2, C. *De remiss. pign.*; l. 4, § 1; l. 8, § 6; l. 0, § 1, D. *Quib. mod.*

mée par celle de la femme. Dans le premier cas, il est clair que la femme doit céder, avec son hypothèque, sa créance elle-même : l'accessoire ne saurait exister sans le principal. Dans le second, le cessionnaire a déjà une créance, à laquelle vient s'ajouter seulement la garantie hypothécaire cédée par la femme. Dans le troisième enfin, la femme n'a besoin de céder — et le créancier n'a intérêt à obtenir — que le rang d'antériorité. — Dans tous ces cas, le créancier est mis aux lieu et place de la femme, éventuellement dans les deux derniers, c'est-à-dire s'il n'est pas payé par le mari.

On peut observer aussi que la femme prend précisément la place du subrogé : dans le premier cas, *elle perd absolument sa créance*, dans la limite de la cession, bien entendu, et sauf son recours contre son mari; dans le second, elle devient simple créancière chirographaire, toujours avec la restriction ci-dessus indiquée; dans le troisième, elle reste créancière hypothécaire, mais en prenant le rang du subrogé; c'est alors une simple interversion de rang.([1]).

Après ces considérations générales sur les conventions que nous étudions, nous allons en examiner les effets à l'égard de la femme, des créanciers et des tiers acquéreurs.

II

Ne serait-ce point, dit M. Troplong (n° 320), par irréflexion que M. de Vatimesnil a pu dire dans son rapport, en signalant les graves inconvénients des *cessions d'hypothèques*, « que, dans ce système, le créancier qui aurait hy-
» pothèque sur plusieurs immeubles pourrait, en conservant
» sa créance et son hypothèque sur un des immeubles, faire
» une sorte de trafic très-fâcheux de cette même hypothèque,

([1]) V. sur ces effets généraux de la cession, M. Troplong, *sur la loi du 23 mars*, n° 324.

» en tant qu'elle frapperait sur d'autres immeubles. » — Ce
serait donner à l'hypothèque je ne sais quel pouvoir d'extension qui lui permettrait, en quelque sorte à volonté, de s'a-
grandir et d'abriter des créances nouvelles. Évidemment,
comme le dit M. Troplong *(Transcrip.,* n° 320), l'hypothèque a une étendue déterminée, invariable : c'est celle des
droits qu'elle garantit. Si la femme se dépouille dans une certaine mesure de son hypothèque, c'est une véritable aliénation; elle ne peut donner et conserver; elle ne peut donner
aux dépens de son mari ou des tiers; elle ne peut appauvrir
qu'elle-même... Si elle se trouve, par exemple, créancière de
son mari pour une somme de 100 ..., et qu'elle ait consenti
la cession de son hypothèque en faveur d'une créance de
50 ..., elle restera créancière hypothécaire pour 50 ..., et
simple chirographaire pour le surplus.

De ce que la cession constitue une véritable *aliénation,* il
en résulte qu'il faut, pour que la femme puisse la consentir,
que son régime matrimonial lui laisse la faculté d'aliéner. La
femme *dotale* ne pourra donc pas céder son hypothèque légale, et c'est ce qu'indiquent les premiers mots de l'art. 9 :
« dans les cas où les femmes peuvent... » — Cependant la
solution, présentée dans ces termes, serait trop absolue. En
droit romain, *la loi Jubemus 21, au C. ad S. C. Velleian,*
permettait expressément la renonciation à l'hypothèque.
« *An ipsa possit renuntiare juri hypotheca... quæritur?*
» *Respondeo quod sic,* » disait la glose d'Accurse.

Toutefois, — et tous les interprètes sont d'accord sur ce
point, — la renonciation n'était valable qu'autant qu'elle ne
préjudiciait point à la dot, dont le régime romain avait,
comme on le sait, pour objet constant d'assurer la conservation. Ce point est mis hors de doute par de nombreux textes,
et notamment par ceux que cite M. Troplong aux n°ˢ 590 et
suivants de son *Comm. des Hypothèques.*

Les mêmes raisons de décider subsistent encore aujourd'hui. La femme dotale pourra incontestablement céder son hypothèque en tant qu'elle garantit ses *reprises paraphernales,* puisqu'elle a plein pouvoir pour aliéner ses biens extradotaux. Mais la question de savoir si l'*hypothèque de la dot mobilière* est incessible, présente plus de difficulté. Je ne veux point aborder la question si grave et si controversée de l'inaliénabilité de la dot mobilière. Je n'adopte point non plus la raison de décider que puisent certains auteurs [1] dans la disposition de l'art. 1554 qui prohibe l'aliénation des immeubles, parce qu'il n'est point démontré que l'hypothèque soit un droit immobilier [2]. Mais je n'en considère pas moins comme inattaquable l'opinion dominante [3] qui refuse à la femme dotale la faculté de céder son hypothèque légale, en tant qu'elle est la garantie de sa dot mobilière. En effet, bien qu'on doive, à notre sens, reconnaître que le pouvoir d'administration du mari est incompatible avec l'inaliénabilité de la dot mobilière, je crois, avec la jurisprudence et la majorité des auteurs, que l'on ne peut pas accorder à la femme le droit d'aliéner ses meubles dotaux, et qu'on doit par conséquent lui refuser celui de céder son hypothèque légale; ce qui ne serait qu'un moyen indirect d'aliénation.

Dans quelle forme devra être faite la cession de l'hypothèque légale? Les uns ont voulu lui faire l'application des conditions édictées par les art. 2144 et suivants, pour les *restrictions* ou *renonciations en faveur du mari.* Mais c'est à tort, pensons-nous, que l'on transporte ici des dispositions spéciales aux rapports entre les époux. Les autres veulent

---

[1] Notamment Pont, n° 451; — Troplong, *Contr. de mar.,* n° 3265; — Rivière et Huguet, n° 388.

[2] V. Benech, *Le Nantiss.,* p. 70. — Tessier, *Quest. sur la dot,* n° 111.

[3] V. Pont, n° 451. — Bertauld, n° 36.

qu'elle soit soumise aux règles ordinaires des aliénations, et
que le consentement du mari soit suffisant. Cette opinion,
plus logique, n'est pas cependant sans présenter quelques
dangers : il est certain que la femme ne se trouvera peut-
être pas suffisamment protégée contre l'influence du mari.
Aussi des Cours et des Facultés de droit avaient exprimé le
vœu que la femme ne pût subroger à son hypothèque légale
qu'avec l'autorisation de justice. D'autres proposaient comme
remède, ou du moins comme atténuation, la nécessité d'un
acte authentique; les divers projets de réforme de 1850 avaient
adopté cette dernière idée : elle est enfin consacrée législa-
tivement par l'art. 9 de la loi du 23 mars 1855. Les législateurs ont pensé que la femme trouvera une garantie dans
l'authenticité de l'acte, dans les formes dont il est entouré,
dans les conseils de l'officier public qui le rédige; qu'elle sera
plus rarement victime de sa faiblesse et de son inexpérience.
(M. Troplong, n° 321.)

III

Je ne reviendrai point sur ce que j'ai dit des effets de la
cession à l'égard du *subrogé;* il est mis éventuellement aux
lieu et place de la femme. Mais que décider si la femme et
le subrogé viennent en concurrence? La femme a une créance
de 100 ...; elle a cédé son hypothèque pour 50 ...; — elle ne
vient en ordre utile que pour la moitié de sa créance. Suivant MM. Bertauld (n° 98) et Mourlon (*Subrog.*, p. 21), ils
viennent en concours; mais suivant une autre opinion professée par MM. Grenier (¹) et Troplong (²), que nous croyons
devoir être adoptée, la femme ne pourra recevoir que lorsque
le cessionnaire aura été désintéressé, par application de la

(¹) T. I, n° 93.
(²) *Priv. et Hyp.*, n°ˢ 607, 608.

règle que *le cédant est toujours tenu de son fait personnel.*

Maintenant, je dois dire quelques mots des effets de cette même cession à l'égard des autres créanciers. Un principe doit dominer toute cette matière; c'est celui-ci : *La cession, à l'égard des tiers, est « res inter alios acta; »* elle ne doit ni leur profiter ni leur préjudicier.

La femme peut avoir des créanciers *antérieurs* à la subrogation. — Qu'ils soient chirographaires ou hypothécaires, pourvu que la femme n'ait pas déjà consenti en leur faveur des cessions de son hypothèque légale, ils ne pourront évidemment élever contre la subrogation aucune objection. Ce n'est ici qu'une application du droit commun. — Mais la solution doit être différente, si nous nous mettons en présence de créanciers auxquels des subrogations ont été antérieurement consenties. La femme a épuisé son droit dans une certaine mesure, et il est palpable qu'elle ne peut céder une seconde fois un droit dont elle s'est dessaisie. « Il suit » de là, dit M. Troplong (n° 608), que tous les individus » subrogés à la femme seront colloqués *suivant les dates de* » *ces actes de subrogation.* » On comprend dès lors les dangers que pourra présenter la dispense d'inscription. Aussi, même en l'absence de toute disposition législative, soutenait-on que la subrogation devait être inscrite [3]. Cette opinion n'était point fondée juridiquement, mais elle n'en accusait pas moins une lacune dans la loi. Les vœux des Cours et des Facultés étaient d'ailleurs d'une imposante unanimité, et les projets de réforme, en 1850, y faisaient droit, en exigeant la publicité de la subrogation pour lui accorder effet à l'égard des tiers. La loi du 23 mars s'est approprié ces réformes, ce qui fait dire avec raison, ce semble, à M. Benech (p. 77, note) que cette loi n'est, dans son ensemble, que la sanction

---

¹) Grenier, t. I, p. 349.

de quelques-unes des réformes admises par l'Assemblée.

L'art. 9 dispose que... : « *les cessionnaires n'en sont sai-*
» *sis à l'égard des tiers, que par l'inscription de cette hy-*
» *pothèque prise à leur profit, ou par la mention de la su-*
» *brogation en marge de l'inscription préexistante.* » Dès
lors, le rang ne sera plus réglé entre les divers subrogés par
la date des subrogations, mais bien par *la date des inscrip-*
tions. — L'article prévoit deux hypothèses : 1° celle où l'hypothèque cédée n'était pas inscrite, auquel cas le subrogé
devra en prendre inscription à son profit; 2° celle où l'hypothèque avait été inscrite antérieurement; il suffira alors
au subrogé de faire inscrire à la marge la mention de la subrogation (¹). M. Troplong cependant, n° 340, remplace la
disjonctive *ou* par la conjonctive *et;* il pense que les deux
formalités d'inscription au profit du subrogé et de mention
à la marge de la cession doivent être cumulées. Cette interprétation nous paraît purement arbitraire.

Le mode d'inscription peut présenter quelque difficulté
lorsque le créancier subrogé a lui-même une hypothèque
conventionnelle, ce qui se réalisera fréquemment. Dans la
pratique, on se contentait d'inscrire l'hypothèque conventionnelle et de mentionner en marge la cession (²). Un arrêt récent de la Cour de Cassation, 4 février 1856, a pros-
crit ce mode de procéder; il a statué que « la simple men-
» tion de la subrogation dans l'hypothèque légale de la fem-
» me accessoirement à l'inscription d'une hypothèque con-
» ventionnelle, ne présentant pas toutes les conditions vou-
» lues par la loi pour l'inscription de l'hypothèque légale
» elle-même, ne saurait équipoller à cette inscription et la
» remplacer. » — Nous adoptons sur ce point la solution
donnée par M. Troplong, n° 343, d'une *inscription cumu-*

(¹) V. Pont, n°s 787 et suiv.
(²) Pont, n° 781.

tive de l'hypothèque conventionnelle et de l'hypothèque légale, avec mention de la subrogation.

Nous terminerons ces réflexions sur la loi du 23 mars, en faisant observer qu'un de ses effets, comme un de ses avantages, sera de multiplier inévitablement le nombre des inscriptions de l'hypothèque légale, et d'atténuer ainsi, dans une certaine mesure, les inconvénients de la clandestinité.

IV

Jusqu'ici, nous nous sommes exclusivement occupé des subrogations consenties à des créanciers; nous devons envisager plus particulièrement les effets de ces conventions à l'égard des tiers acquéreurs.

La renonciation peut être expresse; mais elle résultera souvent de la participation de la femme à l'acte de vente. Le plus ordinairement, elle n'aura qu'un effet *extinctif*, la femme s'obligeant à ne pas exercer son hypothèque sur l'immeuble vendu, au préjudice de l'acquéreur : c'est, suivant l'heureuse expression de M. Coin-Delisle, une *remise ou libération du gage*. Cependant, nous croyons que c'est à tort que M. Pont, n° 484, paraît borner là les effets de la renonciation : il pourra se présenter des circonstances où le tiers acquéreur aura un véritable intérêt à exercer les droits de la femme. Il peut être évincé par des créanciers ayant hypothèque sur l'immeuble : la subrogation lui sera, dans ce cas, d'un grand secours : se présentant à l'ordre au rang de la femme, il se remplira de ses déboursés et dommages-intérêts. Incontestablement, il faut reconnaître que la subrogation lui confère ce droit. C'est aussi l'avis de M. Bertauld, n° 79.

La convention n'a d'effet qu'entre les parties, entre l'acquéreur et la femme. Ce principe a pour conséquence logique qu'en renonçant au *droit de suite*, la femme ne renonce point au *droit de préférence sur le prix* à l'égard des créanciers. Cette solution est adoptée par les auteurs (¹) et la jurisprudence; la Cour de Cassation elle-même l'a acceptée, bien qu'elle soit contraire à sa jurisprudence invariable sur une question analogue, en matière de purge, où elle ne reconnaît pas cette existence du droit de préférence indépendante du droit de suite.

M. Pont enseigne, n° 480, que la subrogation en faveur des tiers acquéreurs a *par elle-même* un effet plein et entier au point de vue de l'extinction de l'hypothèque et de la purge de l'immeuble. D'après lui, elle n'est soumise à aucune condition d'inscription, et il en trouve une *raison décisive* dans ce fait que l'art. 9 de la loi du 23 mars a eu particulièrement en vue les cessions et les renonciations faites par la femme *en faveur des créanciers*. Nous pensons que cette opinion de M. Pont ne doit pas être admise. L'art. 9 est rédigé en termes généraux qui s'appliquent aussi bien à l'un qu'à l'autre cas; et d'ailleurs, les motifs ne sont-ils pas ici les mêmes? ne doit-on pas craindre que la femme, après avoir renoncé à son hypothèque, n'en consente une cession postérieure?

En ce qui concerne la purge légale, il faut reconnaître qu'elle ne paraît pas ici nécessaire. M. Grenier enseigne (t. I, p. 577, n° 258) que la subrogation à l'hypothèque légale et la purge ne sauraient être cumulées par l'acquéreur, et constitueraient des garanties contradictoires : il y aurait en quelque sorte double emploi. Quel intérêt existerait d'ailleurs pour l'acquéreur à remplir des formalités dont le but est d'éteindre une hypothèque qui dans l'espèce n'existe plus? — La Faculté de Droit de Paris semble s'être associée à l'o-

---

(¹) Troplong, n° 600. — Martou, n° 935. — Pont, n° 485.

pinion de M. Grenier; on doit du moins l'inférer des observations faites en 1841 : « ... Ce qui fait évanouir l'hypothèque
» dispensée d'inscription, et *délivre les acheteurs de l'em-*
» *barras et des frais de la purge légale.* » — MM. Troplong
n° 609 *bis*, et Bertauld, n° 81 et suivants, combattent ce
système par des motifs tirés de ce qu'il peut exister des subrogations occultes antérieures, qui rendent inefficace la
convention faite au profit de l'acheteur, et contre lesquelles
la purge seule lui fournit une protection assurée. Ces raisons, graves avant la loi du 23 mars 1855, ne subsistent
plus aujourd'hui que cette loi a fait de l'inscription la condition de la validité des subrogations.

SECTION II.

*Effets de l'hypothèque légale à l'égard des créanciers et des tiers
acquéreurs.*

I

On sait que toute hypothèque confère un double droit :
droit de préférence entre les créanciers, *droit de suite* contre les tiers détenteurs de l'immeuble hypothéqué.

Nous avons vu, en étudiant les dispositions de l'art. 2135,
comment se réglait le *droit de préférence* de la femme. Il
est inutile d'y revenir. — Nous ne pouvons exposer ici les
règles et les formalités de la procédure d'ordre, l'une des matières les plus ardues du Code de procédure (art. 749 et
suiv.). Je n'en parlerai du moins que pour examiner une
question qui se rattache plus directement à notre sujet :
L'inscription sera-t-elle nécessaire pour l'*exercice du droit
de préférence,* c'est-à-dire pour requérir un ordre et y être
admis? — La Cour de cassation s'est prononcée pour l'affirmative. Des art. 752, 753, 774, 775 du Code de procédure,

elle a tiré cette conclusion que, pour requérir un ordre ou y être admis, *il faut nécessairement être inscrit*. Mais cette argumentation est-elle concluante? Ces articles ne disposent que pour les hypothèques assujéties à l'inscription; aucun ne décide que, pour profiter du bénéfice d'un ordre, il faut une inscription à l'appui d'*une hypothèque que la loi elle-même en déclare dispensée* (¹). — Ceci devient évident quand on considère quel est le but de l'ordre. N'est-ce pas de régler le rang des créanciers entre eux? Et ce rang se détermine par la date des inscriptions. Mais cette loi n'est pas faite pour la femme; dont le rang hypothécaire est indépendant de toute inscription. Il faut dire, avec M. Troplong, que « l'art. 2135 est toujours le point auquel il faut en re-» venir, à moins qu'on ne veuille faire de cet article une » disposition inerte et inapplicable toutes les fois qu'elle se-» rait utile. »

II

L'exercice du *droit de suite* se résume dans l'*action en délaissement* (2169), ou dans *le droit de surenchère* (2185). Si la femme veut agir, elle ne peut le faire qu'en prenant inscription. « Il faut une inscription pour agir en délaissement, il faut une inscription pour surenchérir (²). » — Mais le droit de suite peut subsister sans inscription, à condition que l'hypothèque restera *oisive;* « elle peut sommeiller, » dit M. Troplong. Il subsistera si bien, que si l'acquéreur veut en affranchir l'immeuble, il sera obligé de le purger, en suivant les formalités particulières édictées par le chapitre IX (art. 2193 et suiv.) pour les hypothèques non inscrites.

On a compris, dans tous les temps, la nécessité que les

(¹) V. Troplong, n° 987.
(²) Troplong, n°ˢ 778, 982, 996.

acquéreurs pussent, suivant l'énergique expression de Loysel *nettoyer* les biens acquis des charges qui les grevaient ; qu'ils pussent se libérer sans crainte, par la suite, de subir une éviction ou de payer une seconde fois. — Dans notre ancien droit, au temps de l'hypothèque occulte, il est vrai de dire que les acquéreurs étaient environnés de périls presque inévitables, ce qui avait donné lieu au proverbe « *qu'il y a plus de fols acheteurs que de fols vendeurs* ([1]). » Au témoignage de Loyseau ([2]), « la prescription était le seul moyen de purger les hypothèques reconnu en droit. » On chercha à remédier à cet état de choses par les décrets volontaires, les lettres de ratification ([3]).

Sous l'empire de la loi de brumaire an VII, qui n'admettait aucune dérogation au principe de la publicité, on put soumettre toutes les hypothèques au même mode de purgement : la transcription en était le prélude obligé ([4]). — Le Code a dû s'écarter de cette simplicité. On ne pouvait purger de la même façon les hypothèques inscrites et celles qui sont dispensées d'inscription. Le chapitre VIII a organisé le mode de purge pour les premières ; le chapitre IX pour les secondes : ses dispositions sont le complément nécessaire d'un système qui admet des hypothèques occultes. (M. Pont, n° 1399).

Notre chapitre n'est qu'une imitation de l'édit de 1771. Cela a été dit positivement au Conseil d'État ([5]). L'édit avait organisé la purge des hypothèques occultes, qui étaient alors le droit commun ; il est naturel que les rédacteurs du Code aient eu recours, pour le même objet, aux mêmes dispositions.

[1] Basnage, tit. IV. art. 73.
[2] *Déguerpissement*, p. 61.
[3] Loyseau, *De l'action hyp.*, liv. III, chap. I, n° 18.
[4] Troplong, n° 895.
[5] Fenet, t. XV, p. 302 et 318.

Il faut bien nous fixer sur le caractère des formalités que nous allons étudier : elles constituent une simple *mise en demeure*, un appel aux inscriptions; la libération de l'immeuble n'est obtenue qu'à l'expiration du délai fixé par la loi.

La purge ne concerne que les acquéreurs : « c'est leur sûreté qu'on a eu en vue, » comme le disait Cambacérès [1]. Les créanciers, prêteurs de deniers ou bailleurs de fonds, ne peuvent donc pas y recourir. Si la purge est faite, pour eux c'est *res inter alios acta*. — Des lois récentes, — décret du 28 février 1852, et loi du 10 juin 1853, — ont fait exception à ce principe en faveur des Sociétés de crédit foncier. On leur a permis de purger les hypothèques légales, — le décret organique leur en avait même fait d'abord une obligation, — suivant une procédure plus expéditive et plus simple.

La purge légale est-elle nécessaire même *au cas d'adjudication sur expropriation forcée?* ou, en d'autres termes, l'expropriation forcée purge-t-elle les hypothèques légales? C'était une des questions les plus controversées. On soutenait, et la Cour de cassation elle-même avait jugé d'abord, qu'il en est à cet égard des hypothèques légales non inscrites comme des hypothèques soumises à l'inscription; que l'expropriation forcée ayant pour effet de purger par elle-même ces dernières, doit avoir pour effet également de purger les premières [2]. — Mais la Cour de cassation avait abandonné cette jurisprudence par son arrêt du 22 juin 1833, et elle a constamment persisté dans ce sens. Les Cours d'appel étaient également divisées. — La nouvelle jurisprudence de la Cour de Cassation, conforme à l'opinion de MM. Delvincourt et Dalloz, a été soutenue par M. Dupin; mais l'opinion contraire, professée par M. Grenier (t. II, n° 490), a trouvé dans M. Troplong

[1] *Conf.*, t. VII, p. 141. — Troplong, n° 984.
[2] Pont, n°ˢ 1280 et 1403.

un puissant défenseur (nᵒˢ 996 et suiv.). « Il y a beaucoup
» d'esprits indépendants, dit-il, pour qui un arrêt ne vaut
» pas une raison, et qui, sous le point de vue doctrinal, pen-
» sent qu'une décision, même solennelle, ne fait pas faire
» un pas à une difficulté : j'avoue que je suis du nombre. »

L'argumentation de l'illustre jurisconsulte est un modèle
de logique et de force ; cependant, toutes ses raisons ne
sont pas sans réplique. Celle qu'il tire de l'usage constant de
l'ancienne jurisprudence, de la maxime : *un décret nettoie
toutes hypothèques,* de la similitude des dispositions du Code
avec celles de l'édit de 1771, cette raison, dis-je, perd de sa
force devant cette considération *qu'il n'y avait pas alors
d'autre mode de purger les hypothèques que l'expropriation
ou décret.* — La Cour de cassation était peut-être fondée à
écarter de la question les art. 749, 750 et 775 du Code de
procédure, et quant à la solennité, à *la publicité suffisante*
de l'expropriation, il est permis de penser, avec M. Dupin,
qu'elle ne présente pas les mêmes garanties pour la femme
que l'accomplissement des formalités prescrites par les
art. 2193 et suivants.

Toutefois, il est vrai de dire que le cumul des solennités
de l'expropriation et de la purge légale conduirait à des len-
teurs et à des frais énormes : « L'équilibre sera rompu, s'é-
» crie M. Troplong, la forme tuera le droit, les frais absor-
» beront le patrimoine du saisi, et le crédit sera de plus en
» plus compromis. » Et plus haut : « Cette nouvelle juris-
» prudence porte atteinte au crédit, surcharge les mutations
» de propriété de frais et de longueurs, fatigue les acquéreurs
» par un luxe de formalités interminables, irrite les prêteurs
» et les adjudicataires contre les priviléges déjà si grands des
» femmes et des mineurs, tellement qu'on finira, tant l'ani-
» madversion sera grande, par enlever à ces personnes des
» garanties qui sont infiniment utiles et salutaires. »

Sans doute, ces considérations ont déterminé les législateurs. La loi du 21 mai 1858, sur les Ordres, a coupé court à toutes ces difficultés, par une nouvelle rédaction de l'art. 717 du Code de procédure : elle a décidé que l'expropriation forcée purge par elle-même *toutes les hypothèques*, sans excepter les hypothèques légales non inscrites.

III

Nous allons examiner maintenant quelles sont les formalités de la purge légale (art. 2194). — 1° Dans ce système, la transcription est remplacée par « le dépôt, au greffe du » Tribunal civil du lieu de la situation des biens, de la copie » dûment collationnée de l'acte translatif de propriété. » — 2° Ce dépôt doit être certifié par acte signifié tant à la femme qu'au procureur impérial près le tribunal ci-dessus indiqué. Cette disposition a été ajoutée au projet primitif sur la demande du Tribunat et sur les observations de M. Tronchet (¹). — La signification doit être faite par un huissier, mais il n'est pas nécessaire qu'il soit *commis* à cet effet, cette condition n'étant exigée que dans le cas des art. 2183, 2185. — La signification doit être faite à *la femme elle-même,* et non point au mari, dont l'intérêt est contraire (²).

Les dispositions précédentes supposent connue l'existence de la femme ou de ceux qui la représentent. Il peut arriver qu'il en soit autrement; ce cas a été prévu et réglé par un avis du Conseil d'État du 1ᵉʳ juin 1807. L'acquéreur devra mentionner cette circonstance dans la signification au parquet, et faire publier ladite signification dans les journaux du département, suivant les formes prescrites par l'art. 696 (anc. art. 683) du Code de procédure. S'il n'existait pas de jour-

(¹) *Conf.*, t. VII, p. 241.
(²) Paris, 25 février 1819. — *Contrà*, Rouen, 15 février 1828.

naux dans le département, l'acquéreur devrait se faire délivrer un certificat le constatant par le procureur impérial. — Il faut qu'il soit certain que l'acquéreur ne connaisse pas l'existence des ayants-droit à l'hypothèque légale; s'il la connaissait, et se dispensait cependant de faire la signification exigée, il y aurait absence absolue de purgement (Cass., 14 janvier 1817).

3° Un extrait du contrat devra être affiché dans l'auditoire du Tribunal; il contiendra : 1° la désignation des contractants, 2° la désignation de la nature et de la situation des biens, 3° le prix et les autres charges de la vente. — Ces indications ne sont pas toutes essentielles; mais il a été jugé avec raison que si l'absence de quelques-unes avait pu déterminer les ayants-droit à l'hypothèque légale à ne pas la produire, il devait y avoir nullité de la purge. — Dans le cas où il a été fait plusieurs ventes successives, il est d'usage de les indiquer dans l'extrait, bien que ce ne soit pas indispensable.

L'accomplissement de ces diverses formalités constitue une *mise en demeure*. La femme ou les personnes énumérées dans les art. 2136 et suivants, doivent prendre inscription dans les *deux mois*, à partir du jour de l'affiche dans la salle d'audience, ou du jour de la publication dans les journaux (avis de 1807).

Le système que nous venons de présenter, bien qu'il soit, suivant M. Troplong (n° 977), préférable au système de la purge ordinaire (chap. VIII), est néanmoins généralement considéré comme défectueux (¹). Les projets de réforme, en 1850, s'étaient efforcés de remédier aux inconvénients qu'il présente. Ces améliorations ont été réalisées depuis pour le cas particulier des Sociétés de crédit foncier. Le dépôt au greffe et l'affiche dans l'auditoire du Tribunal ont été suppri-

---

(¹) Pont, n° 1404.

més; la signification à la femme est restée la seule formalité essentielle; le délai est réduit à quinze jours, augmenté à raison des distances à partir de la signification; et s'il s'agit d'hypothèques inconnues, il est de quarante jours à partir de l'insertion dans les journaux ([1]).

Le délai ordinaire de deux mois est, au contraire, invariable; il ne doit pas être augmenté en raison des distances ([2]). Il doit également se confondre avec le délai pour surenchérir. C'est là du moins la solution adoptée par la majorité des arrêts et des auteurs ([3]), bien qu'elle soit combattue par MM. Duranton (t. XX, p. 423) et Pigeau (t. II, p. 442). Ces auteurs, ainsi que quelques arrêts, partant de cette idée que l'inscription prise dans le délai de deux mois produit *les mêmes effets* que si elle avait été prise dès le principe, veulent que l'acquéreur soit tenu de faire à la femme la notification dont parle l'art. 2183, et qu'il soit accordé à celle-ci un nouveau délai de quarante jours pour requérir la surenchère. Cette argumentation, réfutée notamment par M. Troplong (n⁰ˢ 982 et 995), ne peut se soutenir devant la disposition de l'art. 775 du Code de procédure, qui met sur la même ligne les délais prescrits par les art. 2185 et 2194 du Code civil.

IV

Deux hypothèses peuvent se présenter : ou il est pris des inscriptions du chef de la femme, ou il n'en est pris aucune. Elles sont prévues et réglées par la disposition finale de l'art. 2194 et par l'art. 2195.

[1] Pont, n⁰ˢ 1405, 1416, 1417.
[2] Grenoble, 8 mars 1855.
[3] V. notamment Tarrible, *Rép.*, v⁰ *Transcript.*, p. 116. — Grenier, t. II, p. 350. — Sirey, 22, 2, 364. — Pont, n⁰ 1418, etc. — Troplong, n⁰ 982.

1° L'hypothèque est manifestée par une inscription. — Elle est *spéciale* et ne grève que l'immeuble aliéné. — D'après l'art. 2194, elle aura le même effet que si elle avait été inscrite le jour du contrat de mariage, sans préjudice des poursuites qui pourraient avoir lieu contre les maris, ainsi qu'il a été dit ci-dessus, pour hypothèques par eux consenties au profit de tierces personnes, sans leur avoir déclaré que les immeubles étaient déjà grevés d'hypothèques.

Il est essentiel de relever ici une inexactitude que l'on retrouve encore dans le dernier alinéa de l'art. 2195 : « Ins-» criptions... *qui auront toujours... la date du contrat de* » *mariage...* » L'effet rétroactif de l'inscription ne pourra point remonter *dans tous les cas* au contrat de mariage; il faut dire qu'il remontera à la date fixée par l'art. 2135, laquelle, comme nous l'avons vu, est *essentiellement variable*. Nous avons également établi que ce serait une erreur de croire que ces expressions : « *le contrat de mariage,* » désignent toujours le contrat par-devant notaire. Nous ne pouvons que nous référer à nos explications sur l'art. 2135.

L'art. 2195 prévoit deux cas : ou la femme *est primée par d'autres créanciers;* alors « l'acquéreur est libéré du » prix ou de la portion du prix par lui payée aux créan-» ciers placés en ordre utile; et les inscriptions du chef des » femmes seront rayées ou en totalité ou jusqu'à due con-» currence; » — ou bien *elle les prime tous,* auquel cas « l'acquéreur ne pourra faire aucun paiement du prix au » préjudice desdites inscriptions... et, dans ce cas, les ins-» criptions des autres créanciers qui ne viennent pas en or-» dre utile seront rayées. »

Entre les mains de qui devra payer l'acquéreur? Entre les mains du mari? Non, car il est précisément le débiteur. De la femme? Non encore, car elle n'a pas capacité pour recevoir. D'après M. Tarrible (¹), le paiement doit rester suspendu, et le prix doit être gardé par l'acquéreur jusqu'à ce que le moment soit venu de payer légalement : il n'a pas même le droit de consigner. Mais cette décision est généralement repoussée. Tous les auteurs enseignent que notre article n'exclut aucun mode de paiement, pourvu qu'il n'y ait rien de préjudiciable aux droits des femmes (²). Ainsi, l'acquéreur pourra consigner; — on pourra même ordonner le versement des fonds entre les mains des créanciers venant immédiatement après, à la charge de fournir caution pour la restitution des deniers, le cas échéant.

La disposition de l'article qui porte que les inscriptions des créanciers qui ne seront pas en ordre utile devront être rayées, est trop absolue. Il n'en devra être ainsi que lorsque le montant des créances garanties par l'hypothèque légale sera invariablement fixé. Ces créances sont le plus souvent indéterminées. On ne peut donc pas savoir *à priori* quelles inscriptions viendront ou ne viendront pas, en définitive, en ordre utile; et, dans cet état de choses, on doit admettre les créanciers postérieurs à une collocation *conditionnelle*.

Aux termes de l'art. 775 du Code de Procédure, le délai de deux mois fixé par l'art. 2194 devra être suivi d'un nouveau délai de trente jours, après l'expiration duquel l'ordre pourra être provoqué.

2° *Il n'a pas été pris inscription du chef de la femme sur les immeubles vendus.* — « Ils passent à l'acquéreur, dit l'art. 2195, *sans aucune charge à raison des dot, reprises et conventions matrimoniales... sauf le recours, s'il y a lieu,* contre le mari. »

Dans tous les cas donc, l'acquéreur obtient la franchise de l'immeuble; il n'a plus rien à craindre des droits des

(¹) *Rép.*, v *Transcrip.*, p. 132.
(²) Troplong, n° 993. — Pont, n° 1456. — Grenier, t. I, n° 271.

créanciers dispensés d'inscription ; le droit de suite est éteint.
— Mais le droit de la femme a-t-il péri tout entier? ou bien
le droit de préférence survivra-t-il au droit de suite?

C'était là une des questions les plus controversées du
régime hypothécaire ; elle divisait les meilleurs esprits. La
loi récente du 21 mai 1858 a tranché la question en faveur du droit de préférence ; le législateur a parlé. On peut
espérer que, dans un avenir prochain, on verra ainsi législa-
tivement tranchées toutes ces controverses interminables,
où la doctrine et la jurisprudence nous donnent le spectacle
affligeant de l'incertitude et de la variabilité des jugements
des hommes. Une décision législative a toujours cet avantage immense de fixer la jurisprudence, de mettre un terme
aux discussions des auteurs, enfin, et surtout, de tarir une
source de procès pour l'avenir. — Il n'y a donc plus de difficulté sur le point qui nous occupe : la purge n'a d'effet qu'à
l'égard des tiers acquéreurs ; le droit de préférence subsiste,
la femme, ou le mineur, se présenteront sur le prix, et seront colloqués suivant le rang de leurs créances. — La solution devra toutefois être différente si la femme ne se présente pas *rebus integris ;* si le prix a été régulièrement payé,
délégué ou distribué. On le décidait ainsi avant la loi du 21
mai 1858 ; mais cette loi, dans les art. 717 et 772, a établi
des limites plus précises et plus rigoureuses. Elle dispose,
d'une part, « que les créanciers à hypothèques légales, qui
n'ont pas fait inscrire leurs hypothèques dans le délai fixé
par l'art. 2195 du Code Napoléon, ne peuvent exercer de
droit de préférence sur le prix qu'*autant qu'un ordre est ouvert dans les trois mois qui suivent l'expiration de ce délai,*
et sous la condition déterminée par la dernière disposition
de l'art. 717 » (art. 772); et, d'autre part, « que les créanciers à hypothèques légales, qui n'ont pas fait inscrire leurs
hypothèques avant la transcription du jugement d'adjudica-

tion, ne conservent de droit de préférence sur le prix qu'à la condition de produire avant l'expiration du délai fixé par l'art. 754, dans le cas où l'ordre se règle judiciairement, et de faire valoir leurs droits avant la clôture si l'ordre se règle amiablement, conformément aux art. 751 et 752 » (art. 717) (¹).

(¹) Pont, t. II, p. 1187.

POSITIONS.

—

DROIT ROMAIN.

I. La dot ne peut faire l'objet, de la part de la femme, d'une donation *mortis causa*.

II. Explication de la loi 75, **D.** *De jure dotium.* — Dans quel sens il faut entendre que le mari est *dominus dotis*.

III. La femme peut revendiquer la dot, et s'en faire mettre en possession, lorsque la ruine du mari est imminente. — Explication de la loi 29, **C.** *De jur. dot.*

IV. Celui qui, pouvant opposer une exception perpétuelle, a néanmoins payé par erreur, a la *répétition de l'indû.*

V. Toutefois, les exceptions accordées *in odium creditoris* ne donnent pas lieu à la répétition de l'indû. — Exception du *S. C. macédonien.*

VI. *Secus* de l'exception de dol et de l'exception *Rei judicatæ*.

DROIT FRANÇAIS.

Droit civil.

I. La femme étrangère a hypothèque légale sur les biens que son mari possède en France, lorsque cela n'est pas contraire à la législation de son pays.

II. L'hypothèque légale des femmes n'était pas admise généralement *dans les pays de nantissement.*

III. La reconnaissance d'un enfant adultérin ou incestueux *peut* lui être opposée.

IV. La reconnaissance d'un enfant naturel par son père, alors que, de l'acte même portant indication de la mère, il résulte que l'enfant serait adultérin ou incestueux, ne peut être invoquée comme une preuve de la filiation adultérine ou incestueuse.

V. La femme étrangère, divorcée conformément à la loi de son pays, et dont le mari est vivant, peut se remarier en France avec un Français.

VI. La femme française mariée, suivant la loi française, *avec un étranger,* peut porter sa demande en séparation de corps devant les tribunaux français.

Droit criminel.

I. La tentative d'avortement est punissable comme le crime même.

II. Les effets de l'amnistie sont plus étendus que ceux des lettres de grâce; et celui qui, après avoir été *amnistié* pour un premier crime ou délit, en commet un second, n'encourt pas pour celui-ci la peine de la récidive.

III. Lorsqu'un individu, incapable d'être juré, a été porté sur la liste des *trente-six,* mais n'a pas fait partie du jury de jugement, il n'y a pas nullité de la procédure.

Droit commercial.

I. Un commerçant passe des effets à un autre commerçant; il est crédité par lui en compte courant : ce crédit sera-t-il définitif ou provisoire? — Provisoire.

II. Un notaire qui fait la banque peut être déclaré en faillite.

III. Le propriétaire qui vend des vins ne provenant pas exclusivement de ses récoltes fait un acte de commerce.

Droit administratif.

I. L'état a, indépendamment de toute stipulation, une hypothèque sur les biens des fournisseurs, des entrepreneurs et de leurs cautions.

II. Cette hypothèque est légale.

III. Une commune, ou son adversaire, peuvent se pourvoir contre une autorisation irrégulière qui n'aurait pas été, par exemple, précédée de la délibération du Conseil municipal.

IV. On doit exempter de l'impôt foncier un immeuble appartenant à un particulier, mais gratuitement affecté par lui à un service public.

V. Une commune peut être contrainte à accepter un don ou un legs, malgré le refus du Conseil municipal.

www.ingramcontent.com/pod-product-compliance
Lightning Source LLC
Chambersburg PA
CBHW062037200326
41519CB00017B/5060